SEPTIÈME CAHIER DE LA TROISIÈME SÉRIE

POLÉMIQUES ET DOSSIERS

M. GUSTAVE TÉRY

CAHIERS DE LA QUINZAINE
paraissant vingt fois par an
PARIS
8, rue de la Sorbonne, au rez-de-chaussée

Nous avons en vente à la librairie des cahiers *le roman de Tristan et Iseut*, deuxième édition, un volume à trois francs cinquante, ou plutôt deuxième tirage, puisque les éditeurs ont la mauvaise habitude de compter les éditions par un certain nombre des exemplaires tirés et non par le recommencement, par le rang du tirage, par le nombre de tirages.

Heureux ceux de nous qui ont pensé à temps à se procurer la première édition. Les éditeurs en effet ont eu depuis la mauvaise idée de mettre à la première page de la couverture, pour le deuxième tirage, un frontispice vert, censément artistique, représentant les *facies* de Tristan et Iseut. Les éditeurs ignoraient sans doute que Tristan et Iseut nous paraissent assez bien dessinés dans le français de l'auteur.

M. Bédier a patiemment, fidèlement restitué pour nous l'image fruste laissée par les vieux poètes. Je me représente cette image d'après le texte. De quel droit un dessinateur vient-il interposer, entre l'image originale et la représentation que j'en ai, une image qu'il a, plus ou moins. Il faut respecter cette liberté du lecteur.

Naturellement l'auteur n'en savait rien et ne s'en aperçut que quand le livre apparaissait aux galeries de l'Odéon. Il faut pourtant respecter la liberté de l'auteur.

Je conseille d'acheter en temps utile du second tirage. On ne sait pas jusqu'où peut aller le zèle d'un éditeur, quand il est éditeur d'art.

Je m'applaudis tous les jours, devant de tels exemples, d'avoir voulu faire des éditions, d'avoir continué à en faire après un premier essai malheureux. Il est de plus en plus indispensable qu'il y ait des institutions exprès pour sauvegarder la pleine liberté de l'auteur et du lecteur.

GUSTAVE TÉRY

RÉPONSE

La réponse que l'on va lire nous a été envoyée par M. Gustave Téry après qu'il eut reçu le cinquième cahier de la troisième série, et quand il n'avait pas encore le sixième :

Tu déraillés, mon cher Péguy. L'autre jour tu m'as félicité publiquement d'avoir acheté un second exemplaire du quinzième cahier de la deuxième série, où M. Daniel Delafarge prenait contre moi la défense de M. Brunetière. Tu en tirais cette conclusion superbe que *les mœurs de la véritable liberté s'élargissaient parmi nous* et que c'était *un commencement de révolution beaucoup plus important que tous les parlementarismes* (1).

J'en suis encore « baba ». A vrai dire, quand je suis allé quérir cet autre exemplaire, j'avais totalement oublié qu'il y était question de moi. Je voulais simplement me procurer un double des articles où Gustave Hervé donne si joliment la réplique à l'archiprêtre de Sens. Or, ces articles se trouvent dans le même cahier

(1) Je cite exactement : « Depuis six mois l'expression *je me désabonne* a complètement disparu de notre vocabulaire. Ayant reçu le quinzième cahier, Gustave Téry a négligé de se désabonner. Il en a même acheté un second exemplaire. Si les mœurs de la véritable liberté intellectuelle peuvent s'introduire, se maintenir et s'élargir parmi nous, je le déclare à nouveau, c'est un commencement de révolution beaucoup plus important que tous les parlementarismes que l'on nous fait ». — Premier cahier de la troisième série, page 42.

que là lettre de M. Delafarge. Je ne suis donc pas si magnanime que tu as bien voulu l'imaginer.

Un instant, j'avais eu l'intention de t'écrire. Non pour rectifier — on ne rectifie pas les fleurs, — mais pour répondre quelques mots à M. Delafarge. Certes, quand il observe que nous devons reconnaître à M. Brunetière *le droit de dire sa pensée sur Rabelais et sur Voltaire,* il parle d'or. Mais dans sa minutieuse critique, il a oublié deux choses : la première, c'est qu'il s'agissait d'un *manuel* à l'usage des classes, et non d'une œuvre destinée au grand public. Puisque ton collaborateur me rappelait justement au respect de la « vieille distinction des genres », je pense qu'il est inutile d'insister sur celle-là. Ce que je reproche à M. Brunetière, c'est précisément de l'avoir méconnue, d'enseigner l'histoire en *polémiste,* d'oublier qu'il s'adresse à des rhétoriciens et de leur offrir, sous une étiquette scolaire, un *discours de combat.*

En second lieu, pour justifier ma *méthode de citation,* il m'aurait suffi de noter que dans *la Petite République* la place m'est strictement mesurée. Quand mes articles ont plus de deux cents lignes, notre très aimable secrétaire de la rédaction, le citoyen Lejeune, ne cherche plus à dissimuler son désespoir. Si je m'étais permis de citer *in extenso* deux ou trois phrases de M. Brunetière, il ne me serait pas resté de place pour les commenter, — ou j'aurais outrageusement dépassé la mesure.

Je ne t'ai pas écrit cela pour deux raisons :

La première, c'est que les collations mêmes de M. Delafarge ont démontré ma bonne foi. Si, pour obéir aux exigences de la mise en pages et ne pas contrister inutilement le meilleur des camarades, j'avais été contraint de simplifier quelque peu les périodes polypattes de Ferdinand le Catholique, si j'avais dû *resserrer* ou *supprimer*, tes lecteurs attentifs ont pu se convaincre que, du moins, en mes citations, je n'avais rien omis d'essentiel.

La seconde raison, c'est que dans un filet de *la Petite République* je venais de répondre à la principale objection de ton collaborateur. J'ai eu la chance de remettre la main sur cet article, — qui n'a pas vu le jour. Pourquoi ? Parce que Lejeune m'a dit : « Si nous publions ça, tous nos chercheurs de tares vont demain s'écrier que nous défendons aux instituteurs de faire de la propagande socialiste ». Je suis tombé de mon haut. « Mais je n'ai jamais écrit pareille chose !... » L'honnête Lejeune, qui a l'expérience de la perfidie professionnelle, s'est mis à rire. « Ça ne fait rien, vous verrez... Ah ! vous ne *les* connaissez pas. » C'est en vain que j'ai retapé ma copie, pour prévenir toute équivoque. L'article n'a pas été inséré : il était encore trop *libéral*. Le voici, tel quel. Tu retrouveras aisément ma première rédaction sous les ratures. Et tu soupçonneras du même coup combien je m'amuse quand tu me traites de *jacobin* ou de *dictateur*.

Donc, mon cher Péguy, je n'avais pas mérité le bon point que tu m'as décerné l'autre mois. Je ne mérite pas davantage la punition que tu m'infliges aujourd'hui. Je lis dans le cinquième cahier de la troisième série :

Le soir de la séance où le Conseil supérieur de l'Instruction publique avait condamné Hervé, celui des juges qui depuis le commencement de l'affaire et dans les débats mêmes avait défendu l'accusé avec le plus de patience exacte, avec le plus de sérieux, avec le plus de sûreté, quittant la séance, rencontra M. Gustave Téry.

— Eh bien ? demanda Téry.

— Eh bien ! il est condamné, et vous pouvez vous vanter d'y avoir contribué pour beaucoup.

— Tant mieux, répondit Téry, c'est ce que nous voulions.

On me prête là, mon cher Péguy, un propos abominable. Avant de te montrer que je suis incapable de l'avoir tenu, permets-moi de te rappeler le premier précepte cartésien : « ... ne recevoir jamais aucune chose pour vraie que je ne la connusse évidemment être telle ; c'est-à-dire éviter soigneusement la précipitation et la prévention... »

Jusqu'à ce jour j'avais tout lieu de nous croire amis. Tu m'as proposé naguère de me réserver vingt pages des *Cahiers* pour achever de dire mon sentiment sur l'incident Denis-Deherme. Je t'expliquerai tout à l'heure pourquoi je ne l'ai pas fait. La semaine dernière encore, toujours à ce même propos, Charles Guieysse ayant écrit dans son excellente étude sur les Universités populaires que j'avais *fulminé* contre Deherme, que j'étais *tout simplement un autoritaire, un démagogue,* et que j'avais *hurlé,* j'ai cru devoir envoyer quelques lignes de protestation à M. Guieysse. J'ai dû lui dire qu'on ne saurait sans injustice qualifier de *hurlement démagogique* l'article où je commentais en termes très mesurés, très académiques la belle lettre que M. Gabriel Séailles m'avait fait l'honneur de m'écrire. M. Guieysse m'a répondu fort courtoisement que « tout jugement pour lui était toujours revisable ». De ton côté, mon cher Péguy, spontanément et avec une bonne grâce dont je te remercie, tu m'as offert d'insérer une rectification dans ton prochain cahier. Je ne te l'ai pas envoyée. J'avais alors de multiples soucis, — civils et militaires — je faisais mes vingt-huit jours. Et puis, que sert d'affirmer son libéralisme ? Mieux vaut le prouver. L'article ci-joint en est peut-être un commencement de preuve. Je sais bien que nous n'avons pas la même conception du libéralisme ; depuis M. de Mun jusqu'à M. Aulard, on met tant de choses diverses sous ce mot ! Du moins, la première façon de témoigner son libéralisme, mon cher Péguy, c'est d'admettre que nos voisins puissent entendre différemment la liberté...

Si je te rappelle ces deux récents souvenirs, c'est pour te faire bien comprendre quelle a été ma... surprise en feuilletant ton dernier cahier. Je néglige nos rapports antérieurs, et je me borne à retenir que la veille encore tu me donnais une marque d'amitié. Tout à coup, pan ! sans crier gare, tu me tombes dessus, et non seulement tu m'accuses d'une malpropreté, mais en termes sybillins tu laisses peser sur moi les pires soupçons et, délibérément, tu relèves tes manches pour me faire mon *affaire*.

Je ne parlerai point, ô farouche Alceste, des petits devoirs que commande l'amitié. Il me suffira d'invoquer ton rationalisme et de constater qu'en accueillant ainsi, sans critique, sans vérification, un propos terrible et en l'imprimant tout vif, tu n'as pas usé d'une bonne méthode.

A tout le moins, avant de partir en guerre, tu devais me poser cette simple question :

— Est-il vrai que tu as tenu ce langage ?

Et je t'aurais répondu :

Je veux croire encore que M. X. — tu le nommeras,

s'il te plaît — est un honnête homme, mais il est incontestable que sa mémoire l'a trahi. Depuis deux mois que les circonstances nous ont mis aux prises, il y a entre nous un malentendu que je m'efforce en vain de dissiper. Ne me demande pas ce qu'est ce malentendu, ni quelle en est l'origine; je serais obligé de commettre certaines indiscrétions, qui sans doute achèveraient de me disculper, mais qui risqueraient de porter préjudice à une œuvre excellente, dont nous sommes tous deux collaborateurs. Si M. X. — comme semblent l'indiquer tes réticences — veut prendre la responsabilité de ces indiscrétions, je suis prêt à lui répondre; mais pour l'heure, je n'ai pas besoin d'y recourir pour me justifier.

En recueillant mes souvenirs, mon cher Péguy, voici le sens des paroles que nous avons échangées. Je dis *le sens*, car j'étais à mille lieues de supposer que tu serais chargé de faire un sort à cet indifférent dialogue.

Avec quelques journalistes, j'attendais depuis une heure au ministère la sortie des juges. Dès qu'on ouvrit les portes de la salle où délibérait le conseil, nous entrâmes et j'allai tout droit vers Gustave Hervé. A mi-chemin, je rencontrai M. X. et je l'arrêtai au passage pour lui demander — tu devines avec quelle émotion :

— Eh bien?

C'est alors que M. X., en me serrant la main, eut la *grossièreté* de me répondre :

— Eh bien! il est condamné, et vous pouvez vous vanter d'y avoir contribué pour beaucoup.

Je transcris sa réplique, telle qu'il te l'a rapportée. M. X. m'avait bien dit déjà, à plusieurs reprises, que j'avais mal servi la cause d'Hervé et que j'avais commis des *imprudences*. Libre à lui de penser que notre tactique était maladroite; mais d'autres — et l'intéressé lui-même — en jugeaient autrement. Il ne me plaît pas de rechercher ici les mobiles secrets de certaines *prudences*. Ce qui est sûr, c'est que ce n'était pas l'instant de me dire cette chose injurieuse : *Votre ami est condamné, et c'est votre faute.*

Peut-être même a-t-il ajouté — et si je ne puis m'en porter garant, car je n'ai pas attaché le même prix à ses paroles, c'est bien ce qu'il y avait au fond de sa pensée, c'est bien là le sens des insinuations que tu relèves :

— Gustave Hervé est condamné, comme vous l'aviez voulu.

Alors, avec un mouvement de dépit bien excusable à cette minute et devant ce reproche, j'ai dû répondre :

— Tant mieux ! Maintenant nous savons à quoi nous en tenir.

Ou :

— La situation est nette ; le problème est posé.

Ou :

— La guerre est déclarée.

Ou... quelque chose d'approchant.

Encore une fois, tu ne saurais exiger que je me souvienne exactement de cette brève réplique. Tout ce que je puis affirmer, c'est que je n'ai pas dit, que je n'ai pas pu dire ce que l'on me fait dire. Ce ne serait pas seulement une infamie, ce serait une sottise.

Et voici maintenant pourquoi je n'ai pas *pu* dire cela. Je laisse de côté ce que j'ai fait ou essayé de faire pour me porter au secours d'Hervé, mes articles antérieurs, mon témoignage à la cour d'assises et de multiples démarches, dont je te donnerai quelque jour le détail. Sache seulement que ce n'est pas uniquement contre nos adversaires qu'il m'a fallu défendre Gustave Hervé. Je m'en tiens à cette remarque, qui, je l'espère, suffira pour t'éclairer. Si j'avais dit : *C'est ce que nous voulions...* il faudrait traduire : *C'est Hervé lui-même qui le voulait.*

Et je ne sais si l'affaire Hervé fut close, comme tu le prétends, du jour où Gustave Hervé « mit les pieds dans les salles de rédaction de *la Petite République* ». Ce que je sais bien, c'est que je n'ai rien fait pour l'y attirer, ni même pour l'y retenir. Il est venu nous voir, comme il est allé à *l'Aurore,* estimant sans doute qu'il trouverait, comme aux *Cahiers de la Quinzaine,* des amis et des défenseurs. Ce que je sais bien encore, c'est que mes derniers articles — ceux-là mêmes que n'approuva point M. X. — ont été rédigés sur les indications de Gustave Hervé ; c'est enfin que mon dernier article, *Rabier-Boisdeffre,* paru le matin même du jour où se réunissait le conseil supérieur, fut écrit en collaboration avec Gustave Hervé. Il en fit le plan, sur ma table, l'avant-veille de la séance ; et je lui lus le lendemain ma chronique, pour bien m'assurer que j'avais fidèlement développé son « argument ». J'étais prêt à biffer, en écolier docile, toutes les phrases qu'il jugerait inopportunes. N'est-ce pas justement cet article-là qui m'a valu le coup de boutoir de M. X. ?

Et toi, par là-dessus, voici que tu m'appelles : *Dictateur !* A ce mot, Lapicque s'est écrié :

— Téry, dictateur ? C'est vrai : il écrit très bien sous la dictée.

De cette boutade, il t'est loisible de tirer une rosserie ; j'aime encore mieux ça qu'une calomnie.

J'arrive à ton menaçant commentaire. Il paraît que je te dois des comptes, et tu t'apprêtes à me les demander. Soit. Souffre que je prenne les devants, sans attendre les délais bizarres que tu m'assignes. Quand on accuse quelqu'un, on s'applique à formuler clairement ce dont on l'accuse. Si ta méthode est inconsidérée, je ne te fais pas l'injure de croire qu'elle a quelque rapport avec celle de Basile. Dis tout ce que tu sais, tout de suite. Quoi? Qu'est-ce qu'il y a?

Autant qu'il m'est permis d'en juger par tes prétéritions ténébreuses et les quelques réflexions dont Hervé m'a fait part, tu te proposes apparemment de me citer à comparoir par-devant l'intègre Péguy sous l'inculpation d'*arrivisme?* Je guette le mot au bord de tes lèvres, le mot de défiance et d'ostracisme, qui décourage les meilleurs vouloirs. J'aurais tôt fait de répondre, et je soupçonne aisément — car je commence à connaître les *chers camarades* — qu'il me faudra répondre quelque jour, mais je n'aurais jamais imaginé que tu me lancerais le premier cet imbécile outrage.

Arriver à quoi, mon pauvre Péguy? A la députation? Rassure-toi : je ne serai pas député ; je ne serai pas candidat. On m'a fait des avances, des *ouvertures;* j'ai dit : *non*. Et ce n'est pas que je méprise le parlementarisme. C'est d'abord que je ne me sens pas encore de taille à tenir dignement mon rôle à la Chambre. C'est aussi peut-être — et ce n'est pas contradictoire, en dépit de l'apparence — que j'ai des ambitions plus hautes. Je t'expliquerai ça, quand nous aurons le temps.

Tu peux en induire, s'il te plaît, que je guigne la Présidence de la République.

Es-tu satisfait ?

Non, pas encore. J'entends des malins qui disent : « Il y a d'autres formes de l'arrivisme. Téry veut se faire une *brillante situation* dans la presse. » Et c'est sans doute pour cela, dis-le donc ! que j'ai traité l'affaire Hervé non pas en « universitaire », mais en journaliste, assoiffé de réclame. — Voir plus haut.

Voici donc quelle est ma « brillante situation ». Depuis les dernières vacances, je suis appointé régulièrement à *la Petite République*. Pour une collaboration presque quotidienne, je touche 200 francs — *deux cents francs* — par mois. J'en gagnais trois cents, quand j'ai débuté comme professeur de sixième classe au lycée de Carcassonne.

— Et sa femme ? reprennent les malins. Ils sont deux à mettre du noir sur du blanc.

Depuis quelques mois, ma femme est souffrante et ne gagne plus rien, ou presque. D'ailleurs, nous ne sommes pas deux ; nous sommes quatre, — et même un peu plus.

Par bonheur, *les Cordicoles* m'ont rapporté huit cents francs. Nous avons de quoi passer l'hiver. Et après ?

Vraiment, je ne pose ni pour le héros, ni pour le martyr. Mais j'ai la fierté de croire que je m'applique à suivre tout droit mon chemin, ma « chimère ». Je pourrais, comme d'autres, m'employer à des littératures alimentaires. Il faudra bien que je m'y résigne, un jour ou l'autre, et que je renonce à mon rêve orgueilleux de vie et de pensée libres. En attendant, j'ai le droit que l'on me traite avec plus de ménagement.

Je voulais t'écrire une lettre que tu pourrais insérer. Je m'aperçois en relisant celle-ci qu'il me serait pénible de confier ces détails personnels à tes lecteurs. Je me contente d'espérer que tu vas reconnaître ta méprise. Insère donc dans ton prochain cahier quelques lignes de rectification, — je ne dis pas d'excuses, — et je te serre les mains,

GUSTAVE TÉRY

A la réflexion, il me paraît indispensable de mettre sous les yeux de tes lecteurs les explications qui précèdent. Je te prie seulement, — par un sentiment de pudeur élémentaire, — de ne pas publier la fin de ma lettre à partir de : *« Es-tu satisfait ? »* Il est inutile, je pense, d'invoquer ces précisions budgétaires, et surtout de mettre ma femme en cause. Mais j'ai tenu à ne rien te cacher, sûr de ta discrétion. Je veux te voir.

RÉPONSES PARTICULIÈRES

Quand la réponse de Téry me parvint, j'avais commencé à rédiger le *témoignage* que je veux contribuer à l'éclaircissement du cas Hervé. Je continuerai cette rédaction. Mais je veux déblayer mon témoignage en répondant point par point à la réponse de Téry. Toutefois je ne me laisserai pas conduire aujourd'hui à faire le procès de Téry.

Je n'imiterai pas le ton badin de mon camarade. J'en suis incapable. Et je n'ai pas le cœur gai.

§. — Téry avait tort d'avoir oublié que les collations de Daniel Delafarge étaient dans le même cahier que le commencement de l'histoire Hervé. Ce n'est pas au hasard que nous avons réuni dans le quinzième cahier de la deuxième série : *mémoires et dossiers pour les libertés du personnel enseignant en France*, les attentats commis contre ces libertés par M. Monteil, par les calomniateurs de Jaurès, par Téry, par M. Leygues. Ce n'était pas non plus pour faire une boutade. C'était une courbe de cas intéressants où la liberté commune, sous des aspects sériés, était en cause.

§. — Je n'ai pas dit que Téry fût magnanime en l'espèce. Mais j'ai dit, espéré qu'il devenait ou redevenait libéral. S'il veut aujourd'hui diminuer l'estime que nous avons de son acte, j'y consens. Pourquoi jouer à l'humilité? C'est encore un orgueil.

§. — *Conclusion superbe.* Conclusion qui me consolait un peu: Espérance qui naissait. Je ne la tirais pas du seul cas Téry. Je considérais son acte comme un symptôme rassurant. J'avertis nos abonnés une fois pour toutes que je me trompe souvent sur les hommes. J'accorde à la plupart des hommes un crédit beaucoup plus considérable que celui où ils ont droit. Outre mon imbécillité naturelle, je le fais exprès : mieux vaut mal placer du crédit à beaucoup de gens que de s'exposer à refuser du crédit à un seul qui le mériterait.

§. — Daniel Delafarge fait son métier de professeur en province. Il me permettra de répondre pour lui. Delafarge n'a pas pris contre Téry la défense de M. Brunetière. Il a défendu la liberté professionnelle de M. Brunetière.

Plusieurs de nos abonnés m'ont dit alors que les confrontations de Delafarge ne leur avaient pas semblé décisives. Rien n'est aussi difficile à faire saisir que les glissements. Mais les confrontations paraissaient exemplaires à ceux qui avaient lu tout le Brunetière avant de lire le Téry. Jean Deck, dont nous attendons impatiemment le cahier pour la défense de la liberté nationale en Finlande, me disait qu'ayant travaillé avec le *Manuel* de M. Brunetière, les articles de son camarade Gustave Téry lui avaient fait l'effet d'un faux perpétuel. Moi-même j'ai trouvé que les confrontations de Delafarge donnaient des résultats graves.

Téry joue — grossièrement? — sur le mot *manuel.*

Tout le monde sait qu'il y a des manuels d'anatomie ou de physiologie, des manuels de droit administratif qui pèsent des kilos. C'est par un scrupule respectable que M. Brunetière a nommé son manuel *manuel de l'histoire de la littérature française*. Un manuel aussi gros — 532 pages in-octavo pour cinq francs — est déjà une œuvre considérable. Qu'on la combatte, si l'on veut, par d'autres manuels, par l'excellente *Histoire* de M. Lanson. Je n'admets pas que l'on combatte un manuel par un interdit laïque, par un *index*. Et, puis, les rhétoriciens courent de bien autres dangers que de travailler dans le manuel de M. Brunetière. Je demande pour les rhétoriciens, et même pour les philosophes, la liberté salubre que M. Téry veut bien accorder au grand public.

En second lieu que la place de Téry lui soit strictement mesurée dans *la Petite République*, c'est affaire entre eux. Comme lecteur je dois dire à M. le citoyen Lejeune que les longs articles de Jaurès m'intéressent beaucoup plus dans le journal que la poussière des *Échos*. Sur la longueur des phrases que Téry devrait citer, plaisanterie un peu usuelle de normalien. Lecteur attentif, je crois que le raccourci a été mal fait, qu'il est tendancieux.

§. — *Ferdinand le Catholique*. Ferdinand le Tala? Il ne faut pas vivre toute la vie sur l'argot d'École.

§. — Nous sommes heureux de publier ici l'article de Téry que *la Petite République* refusa. Nous mettons en italiques ce qui avait été supprimé de la rédaction première. Les italiques primitives ont été guillemetées.

Mais comme j'ai raison de penser qu'on n'est pas libre dans les journaux.

PARLEZ RAISON

RÉPONSE A UN INSTITUTEUR

Un *de nos camarades* instituteurs me demande :

Auriez-vous l'obligeance de nous indiquer dans un de vos articles s'il existe quelque ouvrage de « morale socialiste », d'histoire, d'instruction civique ou de lectures élémentaires socialistes, dont les instituteurs puissent s'inspirer et qui soient à la portée de nos modestes bourses?

Nous voudrions bien mettre entre les mains de nos élèves des livres conçus dans un esprit socialiste, mais nous n'en avons pas. Que nos écrivains socialistes nous fassent de bons livres : ce sera là la meilleure des propagandes.

Mon correspondant sera peut-être surpris de ma réponse, que je tiens à lui faire publiquement, car peut-être beaucoup d'instituteurs socialistes se posent-ils la même question.

Non, mon cher camarade, je ne connais pas de livres scolaires « socialistes »; je ne crois pas *[qu'il y en ait, et, s'il en existait, je n'hésite pas à dire que je ne vous les « recommanderais pas », car, au point de vue pédagogique, ils me paraîtraient détestables.]* qu'il en existe. Faut-il le déplorer? Au risque de voir interpréter dans un sens défavorable mon libéralisme intransigeant, — le socialisme n'est-il pas toujours et partout la liberté? — j'ose dire que ce défaut de manuels, de catéchismes socialistes à l'usage des enfants honore notre parti.

Entendez-moi bien :

Comme plusieurs de nos confrères, j'ai cru devoir signaler un certain nombre de manuels infectés de cléricalisme et de nationalisme. Et je n'ai pas fini de les éplucher. Mais nous perdrions le droit d'affirmer que leurs auteurs manquent de probité spirituelle, si, fût-ce avec les meilleures intentions du monde, nous suivions leur exemple et si nous cherchions à exercer une pression quelconque sur l'esprit et la conscience de nos élèves.

Me direz-vous que le socialisme et le nationalisme n'est pas la même chose ? Sans doute, mais vous comprenez bien le sens de ma comparaison. Il ne faut pas que l'on puisse nous accuser de faire à l'école et au lycée ce que nous reprochons très justement à nos adversaires. Nous ne devons pas enseigner un catéchisme *socialiste;* notre devoir est d'enseigner la raison. Et cela suffit bien, si vous êtes convaincu comme moi, *j'en suis sûr*, que la raison doit nous conduire nécessairement au socialisme. *Et comme je l'écrivais l'autre jour, s'il en est autrement, ce n'est pas la raison qui aura tort, c'est le socialisme.*

Que de votre enseignement rationaliste, de votre exposé impartial des faits et des doctrines se dégage cette conclusion que le socialisme est la vérité, rien de mieux. Encore n'est-ce pas à vous de tirer cette conclusion; c'est à vos élèves seuls qu'il appartient de se faire librement, en connaissance de cause, par l'examen critique des idées en présence, une conviction raisonnée, solide. Efforcez-vous de leur mettre entre les mains toutes les pièces du procès social, mais ne croyez pas que votre rôle consiste à juger en dernier ressort. Vous serviriez mal l'idée socialiste, si vous cherchiez à l'imposer.

La tare essentielle de l'enseignement clérical est son dogmatisme. Or, ce qui fait justement notre supériorité sur les pédagogues en soutane, c'est que nous ne sommes pas, que nous ne devons pas être, que nous ne voulons pas être dogmatiques, c'est-à-dire que nous ne prétendons pas apporter à nos élèves des vérités toutes faites. Nous n'admettons pas le principe d'autorité, sous quelque forme qu'il se présente. N'abusons donc pas de notre autorité d'éducateurs, quand bien même ce serait pour hâter le triomphe d'une cause que nous jugeons bonne. Il n'est qu'une autorité, celle de la raison. Qu'elle ait le dernier mot, c'est tout notre souci.

Il n'y a pas de morale socialiste, il n'y a pas d'histoire socialiste. Et Jaurès, *qui laisse à tous ses collaborateurs l'entière liberté, qui nous laisse à tous le droit de dire ici toute notre pensée,* me permettra d'observer que, de la belle œuvre dont il est le collaborateur principal, une seule chose me paraît fâcheuse : le titre.

Il ne s'agit pas d'ailleurs d'une publication « à l'usage des écoliers ». Et à ce propos, je crois devoir répondre en passant à un autre de nos camarades, que si je me suis permis de souligner les tendances réactionnaires du « Manuel de l'Histoire de la littérature française », publié par M. Brunetière, c'est précisément qu'il s'agit d'un « manuel ». Certes, je ne conteste pas à M. Brunetière « le droit de dire sa pensée sur Rabelais et sur Voltaire »; ce que je lui conteste, c'est le droit de faire, sous couleur d'enseignement, une propagande cléricale, sournoise ou cynique.

C'est dire qu'il me paraît juste de distinguer entre l'élève et le maître. Et si je ne crois pas qu'il soit utile, ni même honnête de mettre entre les mains de nos écoliers des ouvrages inspirés par un esprit de parti, quel que soit le parti, en revanche, mon cher camarade, cette réserve faite, je retrouve toute ma liberté pour répondre à votre première question et vous conseiller de lire attentivement l' « Histoire socialiste ».

Les catalogues de la « Bibliothèque socialiste » et de la Société nouvelle de librairie et d'édition (17, rue Cujas), de la Librairie de propagande socialiste (31, rue Croix-des-Petits-Champs), de la Bibliothèque ouvrière socialiste (12, rue du Commandeur), de la Librairie des Cahiers de la Quinzaine (16, rue de la Sorbonne), de la Librairie Cornély (101, rue de Vaugirard) vous offriront de quoi satisfaire le plus vorace appétit de lecture.

Vous trouverez aussi dans quelques-uns de ces catalogues une trop courte liste de bons ouvrages scolaires, dont les auteurs, socialistes ou non, n'eurent en écrivant pour la jeunesse que des préoccupations scientifiques.

Gustave Téry

Je recommande tout spécialement à nos camarades instituteurs deux excellents recueils de conférences populaires publiés par la librairie Cornély : *Pour l'École laïque,* de Jacob; — *Pour la démocratie française,* de C. Bouglé.

§. — Il est tout à fait regrettable que Téry n'ait pas apporté cet article aux cahiers quand *la Petite République* l'eut refusé.

§. — Il me semble qu'il y a un écart notable entre cet article de M. Téry et sa conduite habituelle.

§. — Je ne décerne aucun bon point. Je n'inflige aucune punition. Téry ne me voit jamais dans les distributions de prix socialistes, où il va, où il parle.

Ce propos : *Tant mieux, c'est ce que nous voulions* n'est pas abominable, mais très dangereux. Il est usuel. Voir mon *témoignage*.

Je retourne à Téry le précepte cartésien. J'ai presque trop soigneusement évité la précipitation dans cette affaire. Toutes les fois que je voyais Hervé aux cahiers, je lui disais : Voici la faute que vous allez commettre à présent. Il me répondait à peu près invariablement : Je le sais aussi bien que vous; mais il ne faut pas déplaire aux amis. J'ai prévu, annoncé en temps utile toutes les fautes. On les commettait automatiquement. Je me suis tu. J'ai laissé Hervé conduire seul toute son affaire librement dans les cahiers. J'ai un peu compromis les cahiers pour lui. Je dois surtout à lui le désabonnement de M. Driault et un peu à lui le désabonnement de M. Dorison. Je me suis tu. J'ai même obéi. J'ai fait les démarches que l'on me demandait de faire. J'interviens aujourd'hui que la défaite est acquise. Je ne me suis peut-être pas assez précipité.

Téry a-t-il évité soigneusement la précipitation?

Je n'ai aucune prévention contre Téry; lui-même en fournit plusieurs preuves aux paragraphes suivants.

§. — Je n'ai jamais rien fait qui autorisât Téry à me croire son ami ni à se croire mon ami. Nous avons toujours été bons camarades, ce qui n'a pour ainsi dire aucun sens. Nous avons été rue d'Ulm ensemble, pendant un an, à deux promotions de distance. Nous nous tutoyons donc. Cela doit-il conférer une immunité réciproque dans les batailles civiques? Allons-nous sortir des lignes et nous envoyer ces paroles ailées :

— N'est-ce pas toi le vaillant Téry qui demeurais au Palais pendant que ma promotion songeait à la licence ?

— Est-ce pas toi Péguy le Corse qui songeais à la licence pendant que je planais dans les hauteurs?

Non, n'est-ce pas, mon camarade. Nous ne pouvons tabler toute notre vie sur des souvenirs communs. Nous ne pouvons toute notre vie monnayer nos camaraderies d'école. Des difficultés sérieuses nous attendent. Abordons-les, abordons-nous sans camaraderie préalable.

J'ai des amis. J'en ai moins depuis que je fus malheureux. Mais je crois qu'ils sont meilleurs. Ils se connaissent et je les connais à ce qu'ils me disent à chaque instant ce qu'ils croient la vérité de ce que je fais. Je les connais et ils se connaissent à ce qu'à chaque instant je leur dis ce que je crois la vérité de ce qu'ils font. Si Téry était mon ami, je n'aurais pas attendu aussi longtemps pour l'attaquer dans les cahiers. Je n'ai pas attendu pour Jaurès, dont je crois que je puis me dire l'ami, au sens où un homme jeune et de ma situation peut se dire l'ami d'un aussi grand orateur. Même je suis presque allé pour Jaurès au devant des critiques à lui faire. Je lui ai fait, je crois, des critiques préventives.

§. — Pour moi aussi tout jugement est revisable.

§. — Oui, l'article que nous avons reproduit prouverait du libéralisme. Je ne crois pas que Téry se soit conduit et se conduise conformément à cet article.

§. — Je crois que j'ai une conception du libéralisme et que Téry n'a pas une conception du libéralisme. Il a une conception du gouvernement. C'est le contraire.

Je ne demanderais pas de leçon de libéralisme au comte Albert de Mun, je n'en demanderais pas non plus à M. Aulard.

Non, la meilleure façon de témoigner de son libéralisme, ce n'est pas d'admettre — intellectuellement — que nos voisins puissent entendre différemment la liberté, d'admettre en particulier qu'ils entendent la liberté comme la liberté d'exercer une autorité de commandement. — D'ailleurs, s'il en était ainsi, même alors tu ne serais pas libéral. — Mais c'est d'admettre — socialement — que nos voisins entendent librement leur liberté. Ne confondons pas lâcheté intellectuelle avec sens de la liberté. On n'est pas libertaire parce qu'on approuve un raisonnement faux. Mais on est libertaire quand aux raisonnements que l'on croit faux on refuse d'opposer les sanctions économiques.

§. — Non, la veille encore je ne lui donnais pas une marque d'amitié. Je ne lui ai jamais donné une marque d'amitié. Il croit que l'amitié se manifeste par un privilège qui lui-même revient à ce que nous nommons la simple justice. Quand je lui offrais largement facilité de réponse dans les cahiers mêmes, je ne faisais que mon office de gérant. C'était de la justice, non de l'amitié ni de la charité. Les journalistes sont si habitués à la prévarication de leur puissance que, accordant le droit, ils croient conférer une faveur. C'est par un contresens sur ce qu'il aurait fait à ma place qu'il a été conduit à un malentendu sur le sens de ce que je faisais.

§. — Nos rapports antérieurs. Téry a toujours été avec moi cordial de façons, qui lui ai rendu la pareille, autant que je puis être aimable, c'est-à-dire peu. Cela doit-il conférer une immunité réciproque dans les batailles civiques. L'immunité serait à bon compte. Il aurait droit de taper sur tout le monde et nous n'aurions pas le droit de taper sur lui, parce qu'il sait bien donner la poignée de main, parce qu'il a le regard chaud?

Lui-même il ne le croit pas, puisque dans le même temps qu'il me donnait ses meilleures poignées de main il étouffait tant qu'il pouvait les cahiers dans *la Petite République*. On est prié de calculer combien le compte rendu de nos cahiers tient de place dans *la Petite République*. Le *Jean Coste* même, qui fut un si gros événement universitaire, qui était au cœur de la rubrique tenue par Téry dans le journal, fut escamoté. Si Téry obéissait à un mot d'ordre, où est sa liberté? S'il étouffait de lui-même, où est son amitié? Quand il expliquait en plusieurs colonnes qu'il n'avait pas la place de publier cette réponse que nous avons publiée dans le cinquième cahier de la troisième série, où est sa sincérité? Il m'accuse de précipitation, moi qui mis en cause n'ai pas exigé qu'on insérât ma réponse, qui ai attendu dix mois, qui eusse attendu toujours si on n'eût pas recommencé.

§. — En sommes-nous à ce point que nous jugeons nos camarades, nos amis, nos collaborateurs, les hommes sur leur affabilité? Il est fort aimable, dit-on de gens qui doivent avoir les plus gros soucis. Et avec ça? madame : comme si les qualités qui font le bon vendeur à l'étalage étaient celles aussi que nous demandons à nos chefs.

§. — *Sans crier gare.* Je n'ai pas attendu pour avertir les intéressés. Je n'ai pas fait, je ne fais pas le prophète après coup. J'ai indiqué à Hervé toutes les fautes que l'on faisait à mesure qu'on les préparait.

§. — Il y a six mois que je vois que l'on nous fait battre. Et il y a six mois que je me tais, et que j'obéis, dans le rang. C'est toujours la même histoire. Je ne crois pas que nous soyons des lions, bien qu'il y ait parmi nous des dévouements insoupçonnés. Mais il serait dommage que nous fussions conduits par des ânes.

§. — Je ne l'ai pas accusé d'une malpropreté. Je n'ai pas dit, aucun n'a entendu qu'il était aux gages de M. Leygues pour nous faire perdre la bataille. Je l'accuse, et non pas en termes sibyllins, au moins de légèreté.

Heureusement pour nous, nous n'avons pas dans ces cahiers *la mentalité du traître,* comme nous l'avons nommée au temps de l'affaire. Nous ne voyons pas des Bazaine partout. Mais nous sommes forcés de constater qu'il y a un nombre incroyable de Mac-Mahon, ducs de Magenta, parmi nos chefs.

§. — J'ai dit que nos chefs nous faisaient battre d'un cœur léger. Il y paraît au ton même de Téry. Ce n'était donc pas sibyllin. Cette affaire me passionnait tant que je fus triste de la défaite jusqu'à en tomber malade. Nos chefs n'y ont pas perdu leur badinage.

§. — *Farouche Alceste :* plaisanterie déjà vieille.

§. — Téry joue — grossièrement? — sur le mot *affaire*. J'ai dit *l'affaire Téry* comme il dit lui-même *l'affaire Hervé*.

§. — L'amitié ne commande pas des petits devoirs. Elle commande des grands devoirs, ou rien.

§. — Mon rationalisme est satisfait par l'hospitalité entière que nous donnons à la réponse de Téry. J'aurais été heureux que son rationalisme lui en eût fait faire autant.

§. — J'étais assuré que M. Gallouédec est un honnête homme. Il est oiseux de le dire, parce que tout le monde le sait. M. Gallouédec est un professeur. Je l'ai connu plusieurs années au lycée d'Orléans, où j'étais élève. Il y enseignait l'histoire. Il fut mon professeur pendant un an. Aucune référence ne vaut sur un homme l'espèce de références que l'on peut avoir ainsi. M. Gallouédec est au Conseil supérieur le représentant élu des agrégés d'histoire.

§. — Je crois que M. Gallouédec est séparé de Téry par un malentendu comparable à celui qui me sépare de Téry. Quelques-uns nous disaient aussi que l'affaire Dreyfus était un malentendu. Ce que Téry nomme ici malentendu, je le nomme en français non sibyllin divisions profondes et incompatibilités totales d'action. M. Gallouédec, de qui est née la *Société Condorcet,* voulait qu'elle restât, veut qu'elle redevienne universitaire. Téry l'a fait tomber et la veut maintenir dans la politique.

§. — Je n'ai pas été chargé de faire un sort. Je ne suis jamais chargé de rien par personne. Je me charge moi-même, tout seul. Pour faire les cahiers, et aussi parce que c'est mon droit et mon devoir de citoyen, de socialiste, je cherche à me renseigner sur l'action publique. L'affaire Hervé était devenue, au premier chef, de l'action publique. Je fais par procuration les démarches que ne peut faire l'abonné de Sisteron ni toujours celui de Paris. M. Pierre-Félix Pécaut me rapporta le propos exactement tel que je l'ai moi-même rapporté. Je demandai un rendez-vous à M. Gallouédec. Il me répéta le propos identiquement. Il ne m'autorisa pas à le rapporter. Il ne pouvait me le défendre. Je suis assez grand garçon pour faire les citations qu'il faut.

§. — *Indifférent dialogue :* il est bon le chef. Immédiatement après la consommation de la défaite, en un duel prompt de paroles, bref, deux méthodes se bravent, deux vaincus s'affrontent, la contrariété profonde éclate en deux formules frappées. Il appelle ça un dialogue indifférent. Il n'est pas homme de théâtre.

§. — *Grossièreté.* Il est exigeant, le chef. Depuis six mois que nous soutenons une bataille universitaire pour la défense de nos rares libertés, nous nous sentons battus de jour en jour par l'ingérence des politiciens.

Et le dernier soir, au dernier moment, quand ça y est, comme disent les soldats, nous n'avons pas le droit de leur dire leurs vérités. Il faut encore que nous ayons l'air contents?

§. — M. Gallouédec était bien bon de nommer *imprudences* des actes que je nomme *usurpations*, par impéritie ou par incurie. Votre tactique n'était pas seulement maladroite. Elle était fausse.

§. — *D'autres en jugeaient autrement.* Les perpétuels incompétents. L'événement a jugé comme nous..

§. — *L'intéressé lui-même en jugeait autrement.* Qui donc l'intéressé? C'était nous tous les intéressés. C'était la liberté la grande intéressée. Il ne s'agissait pas seulement de sauver Hervé, mais de sauver, en Hervé, nos libertés communes. Si Hervé voulait se suicider judiciairement, il n'avait pas le droit de suicider la liberté.

L'intéressé lui-même en jugeait autrement. Cette affirmation est capitale dans la réponse de Téry. Je n'ai pas le droit de la révoquer en doute. Hervé vint aux cahiers au commencement de son affaire. Il parlait de *la Petite République* un peu plus sévèrement que moi. Il parlait de Téry un peu plus provisoirement que moi. Il n'avait nullement la politique de Téry. Peu après quand je lui demandai pourquoi il se rangeait à la politique de Téry et de *la Petite République*, il me donna l'impression qu'il suivait par faiblesse, et non par assentiment. Si en même temps il donnait aux politiques, à Téry, l'impression qu'il était avec eux, la responsabilité de Téry décroît, mais la responsabilité de Hervé croît d'autant. Je retire donc provisoirement ce que j'ai dit qui pouvait faire croire que la responsabilité de Téry était totale, et je discuterai dans mon *témoignage* les parts de responsabilité. Hervé n'est pas indiscutable. Aucun de nous n'est indiscutable.

§. — Je demande instamment à Téry de rechercher les mobiles secrets de certaines *prudences*. Si nous sommes lâches, ou politiciens, qu'on le dise.

§. — *Votre ami est condamné, et c'est votre faute* n'est pas injurieux, mais historiquement vrai.

§. — Ces paroles valaient leur prix, et par elles-mêmes, et parce qu'elles venaient à la culminaison d'une affaire capitale.

§. — Il n'y avait pas insinuation, mais accusation formelle, formulée depuis longtemps.

§. — Je fais appel à ceux de nos abonnés, Téry compris, qui ont fait de la critique de textes, qui ont cherché à établir un texte. Si un manuscrit a' donnait cette leçon :

Tant mieux! Maintenant nous savons à quoi nous en tenir;

Si un second manuscrit a'' nous donnait :

La situation est nette; le problème est posé;

Si un troisième a''' donnait :

La guerre est déclarée;

S'il y avait encore beaucoup de manuscrits a_1, a_2, a_3... donnant quelque chose d'approchant, et si ces manuscrits étaient aussi incertains que la mémoire de Téry, tous les philologues supposeraient que ces leçons variables, flottantes, à forme littéraire, seraient les déformations *littérarisées* d'une leçon *non littéraire* primitive. Et la leçon non littéraire primitive que l'on supposerait dans le manuscrit père inconnu *A* serait sans doute la phrase brève et bien sortie : *c'est ce que nous voulions.*

A. — Tant mieux, c'est ce que nous voulions

a'. — Tant mieux ! Maintenant nous savons à quoi nous en tenir.	*a''.* — Tant mieux ! La situation est nette ; le problème est posé.	*a'''.* — Tant mieux ! La guerre est déclarée.	a_1, a_2, a_3. — *Quelque chose d'approchant.*

Je ne prétends pas que cette méthode suffise à donner la certitude historique. Si je n'avais que les leçons de Téry, je n'affirmerais pas que la leçon primitive est celle que je donne. Ce serait la plus vraisemblable des conjectures, mais ce ne serait qu'une conjecture. Je dis seulement que dans la discussion de mon texte, apporté d'ailleurs, toute la valeur que peut avoir la conjecture tend à corroborer ce texte, et non à le discréditer. Philologiquement, je maintiens donc mon texte.

A hypothèse égale, mon texte primaire embrasse les textes secondaires de Téry. Aucun de ses textes secondaires n'embrasse les autres textes secondaires, ni le texte primaire.

Téry se rappelle une brève réplique. Mon texte est bref, les siens ne le sont pas. A nombre égal de syllabes, le mien est bref, les siens ne le sont pas. Le mien est du genre bref, les siens sont du genre long.

C'est affaire de genre et de vitesse, non seulement de quantité.

§. — Téry veut bien avoir eu un mouvement de dépit, devant ce reproche. Il avait eu de l'émotion, tardive. Pourquoi n'aurions-nous pas un mouvement de colère, devant ce désastre.

§. — Je n'exige pas que Téry se rappelle exactement son texte. Je demande qu'il ne fasse pas valoir sa mémoire inexacte contre ma mémoire exacte.

§. — *Je n'ai pas dit, je n'ai pas pu dire ce que l'on me fait dire.* J'aimerais mieux qu'il affirmât simplement ne pas l'avoir dit. *Pu dire* apporte un renforcement de justification qui nuit au contraire à la simple justification, en la démontrant incomplète, incertaine.

Il a si bien pu dire mon texte que ses versions à lui sont les délayages littéraires, les réfractions littéraires fragmentaires de ce texte.

§. — Non ce n'était pas une infamie, puisqu'il n'y a pas eu trahison par félonie.

Oui c'était une sottise. La perpétuelle sottise politique. La perpétuelle trahison par impéritie ou incurie.

§. — Mon texte entre parfaitement dans le tissu de l'affaire, et de toutes les affaires politiques. Le parti socialiste, à ma connaissance, n'a jamais subi une seule défaite, électorale ou autre, qui n'ait été accueillie par des chants de victoire. Je publierai quelque jour la sténographie des discours prononcés à l'inauguration de *la Coopération socialiste,* la grande boulangerie ouvrière, immédiatement après la forte tape des élections municipales parisiennes. Ce sera mon introduction aux élections législatives.

§. — Je crois justement qu'il ne fallait pas se porter au secours de Hervé, que Hervé n'avait pas besoin de secours. D'une manière générale, il y a toujours trop de secours. Je crois que le secours de Téry à Hervé a beaucoup nui à Hervé. Voir *témoignage*.

§. — Je crois justement que ce sont les articles de Téry qui nous ont perdus.

§. — Je me suis toujours demandé de quoi Téry pouvait bien avoir témoigné devant le jury de l'Yonne.

§. — Je crois très volontiers que Téry a fait de multiples démarches. Mais si elles étaient mauvaises. Téry est très agissant. J'aimerais mieux qu'il fût homme d'action.

§. — Il fallait défendre Hervé contre lui-même, contre son propre entraînement.

§. — J'admets parfaitement la traduction : *C'est Hervé lui-même qui le voulait.* Elle ne va pas contre mon texte. Il est littéralement vrai qu'en un sens Hervé aussi le voulait.

§. — Si Hervé a reçu à *la Petite République* des louanges lourdes, dont il n'a pas semblé assez incommodé. Au fameux banquet, il a reçu un sonnet dans l'estomac. Comme un sous-préfet en tournée de revision. Ce n'est pas l'auteur du sonnet que je blâme. C'est le destinataire.

§. — *L'Aurore.* Pressensé a beaucoup loué Hervé, sans l'écraser. Je ne suis pas suspect d'aimer Gohier. Mais Gohier a su dire à Hervé les quelques dures vérités qu'il fallait, quand il se laissa, lui antiministériel forcené, chambrer, traiter, montrer par un journal ministériel.

§. — *Cahiers de la Quinzaine.* Aussitôt que j'eus lu les articles de Hervé, je lui dis une fois qu'il avait du talent. Je le crois. Je parlerai ici de son talent. Je ne lui répétai pas qu'il avait du talent. La congratulation n'a pas cours dans nos bureaux.

§. — Ceci est presque à l'entière décharge de Téry. C'est à l'entière charge de Hervé. C'est très grave.

§. — Le mot de Lapicque est très joli. Les scientifiques n'ont pas leurs pareils pour les mots. Si Lapicque a beaucoup dicté à Téry, Téry est déchargé d'autant. Mais nous serons forcés d'examiner les responsabilités de Lapicque même. Aucun de nous n'est indiscutable.

J'ai pour la tendresse vivace de Lapicque l'affection respectueuse que nous avons tous. Il doit se rappeler combien peu nous allâmes ensemble à Versailles, un jour que ce n'était pas pour voir les grandes eaux. Mais aucun de nous n'est indiscutable.

Je n'ai pas vu Lapicque depuis au moins huit mois. Il me dit alors qu'il pensait autant de mal que moi des journalistes et des hommes politiques. Il jugeait *la Petite République* aussi sévèrement que moi.

§. — Je ne crois pas que je sois rosse, comme ils disent. Même je le voudrais, que je ne serais pas assez malin pour cela. Et puis c'est fatigant. La sévérité qu'on me reproche est justement un garant contre la calomnie. La calomnie vient souvent de sévérités rentrées. Si l'on avait été sévère pour Jaurès en temps utile, et si on avait été un peu moins lâche au moment voulu, on pouvait barrer la route à la calomnie.

§. — Mon commentaire n'est pas menaçant. Il me fallait annoncer mon intervention, comme aujourd'hui j'annonce mon témoignage. Je réparais ainsi, autant que je le pouvais, la faute que je crois avoir commise en n'intervenant pas plus tôt. Je ne joue pas aussi aisément dans les cahiers que dans un quotidien. C'est pour cela que souvent je prends date en quelques mots, me réservant d'énoncer quand je pourrai. Ce n'était donc pas un commentaire, c'était une annonce. Il n'était pas menaçant. Elle était serrée, dense.

§. — Tu me dois des comptes comme nous en devons tous incessamment, comme j'en rends toutes les fois que je le puis. Vous vous êtes chargés délibérément de nos libertés. Qu'en avez-vous fait ? Que sont-elles devenues en vos mains ? Oui, vous nous devez ce compte.

§. — Oui je les demande et n'ai que trop attendu. Si les intéressés étaient plus studieux, les mandataires seraient plus sérieux.

§. — *Délais bizarres*. Non, mais délais excessifs, je le crois. Qu'aurait dit Téry si j'avais demandé ces comptes plus tôt ?

§. — Mes formules étaient claires, pour qui entend le français.

§. — *Basile.* Nous devons laisser aux quotidiens ce moyen de polémique.

§. — Ce que je sais fait l'objet du *témoignage* que je prépare.

§. — Il n'y a pas eu prétéritions ténébreuses, mais annonce claire.

§. — Je suis heureux que Hervé ait fait part à Téry de réflexions que j'ai faites aux cahiers. J'ai publié plusieurs de ces réflexions. Je publierai le reste. Je suis opposé au huis clos.

Hervé a-t-il aussi rapporté à Téry et à *la Petite République* tout ce qu'il m'a dit aux cahiers de *la Petite République* et de Téry, et s'il a tout rapporté, l'a-t-il fait sur le ton tragique ou plaisant, qui ne blessent pas, comme la bouffonnerie de l'esclave antique, ou sur le ton sérieux, qui touche.

§. — *Citer à comparoir devant l'intègre Péguy*. Si cette expression vicieuse est de Hervé, ce garçon a commis une mauvaise action. Hervé sait à quoi nous employons aux cahiers le peu de temps qui nous reste quand nous avons fait la gérance et l'administration. Si elle est de Téry, Téry a tort de vouloir me rendre ridicule. Je sais qu'il est facile de me rendre ridicule. Je sais tous les reproches que l'on peut faire à ma cravate. Mais c'est mentir que de me représenter comme un par devant qui on comparaît. Il est vrai que les cahiers sont intègres. Aucun plaisantin ne fera que j'en aie honte. Mais je hais la pose comme un vice et la lèche comme une ordure. Téry le sait. Ce n'est pas aux cahiers que l'on dit : *mon cher maître* ou *mon cher et grand ami,* ni que l'on donne la poignée de main en se cassant le poignet renversé.

§. — Je hais la peur du ridicule comme une grande lâcheté.

§. — *L'inculpation d'arrivisme.* J'ai longtemps dit que je me demandais si Téry était un arriviste. J'affirme à présent qu'il en était un, et qu'il arrive, qu'il est arrivé. Comment ! dans une affaire où se jouaient les plus grosses libertés, au lieu de faire son devoir à sa place, comme nous, parmi nous, il a tiré sa fantaisie à cent mille exemplaires, et il se demande ce que c'est que d'arriver. Au lieu de faire sa part du travail commun, modestement, parmi nous, il a lui tout seul, ou presque, chambardé tout le travail commun, et il me demande *arriver à quoi?* Il a été pendant six mois l'antiministre de l'instruction publique. Et il me demande, *mon pauvre Péguy.*

§. — *Défiance.* Que Téry se rassure. Ce n'est pas encore par la défiance de ses chefs que ce peuple pèche. Il pèche par la méfiance de la vérité désagréable.

§. — *Ostracisme.* Que Téry se rassure. On a pu ostraciser un Jaurès. On ne peut pas ostraciser un journaliste qui fait de la démagogie anticléricale. En France le cléricalisme et l'anticléricalisme sont les seuls qui nourrissent leurs hommes. Le socialisme pur et l'anarchisme pur laissent crever leurs modestes ouvriers.

Et puis l'ostracisme suppose un certain état de gloire où Téry n'est pas encore arrivé. Téry est un jeune homme. — On n'ostracise que les grands.

§. — *Qui décourage les meilleurs vouloirs.* Ne nous attendrissons pas.

Des amis communs — on a toujours des amis communs — m'ont assuré que Téry était profondément affecté de mon attaque. Ils sont extraordinaires. Pendant dix-huit mois ils tapent sur tout le monde. Il a été d'une insolence féroce contre Deherme, que l'on peut aimer ou n'aimer pas, que l'on peut approuver ou blâmer, mais qui au moins avait derrière lui une œuvre et sur lui de gros soucis administratifs, de gros embarras financiers, qui enfin était seul contre presque tout le monde, qui n'avait pas un gros journal. Puis quand les victimes se retournent, ces journalistes découvrent, pour leur usage personnel, que les coups font mal.

§. — *Les chers camarades.* Qui plus que Téry, autant que Téry, sinon Lumet, a usé du *chercamarade.* Quand Lumet fait un gros article de tête sur *les Cordicoles,* qu'est-ce que c'est ?

§. — *Le premier.* Voici pourquoi. Au restaurant coopératif, en petite compagnie, en mangeant, en causant, à l'heure où l'on dit ce qu'on pense, tout le monde, les citoyens disent leur fait aux autorités absentes. Mais quand il faut écrire, on laisse le vieux Péguy marcher tout seul. Je connais ça.

J'ai vu avec beaucoup de peine sur la troisième page de la couverture du *Mouvement Socialiste,* premier numéro de la nouvelle formation, l'annonce des *Cordicoles.* Ce livre ne convient aucunement au public du *Mouvement,* au public plus large que nous souhaitons qu'il atteigne.

§. — *Imbécile.* Merci.

§. — *Outrage.* Non, jugement, pour moi; ou hypothèse, pour lui.

§. — *Députation.* Ils croient qu'ils ont tout dit quand ils nous ont promis qu'ils ne seront pas candidats aux prochaines élections législatives. Le mal parlementaire n'est pas limité à la Chambre. Il ne coïncide pas avec la Chambre. Il y a quelques députés qui ne sont guère atteints du mal parlementaire, au moins en ce sens : M. Paul Guieysse, M. Vazeille. Et il y a des quantités innombrables de parlementaires qui ne sont pas députés.

§. — *Il ne méprise pas le parlementarisme.* Il a de la santé. Moi aussi. Je ne redoute que le mal parlementaire.

§. — *Il ne se sent pas encore de taille à tenir dignement son rôle à la Chambre.* Pourquoi s'est-il senti de taille à tenir dignement un rôle plus considérable et plus difficile dans le pays, dans l'action publique. Il est plus facile d'être, et il vaut mieux être un député modeste qui travaille dans les commissions qu'un journaliste capitaine.

§. — *Il a des ambitions plus hautes.* J'attends impatiemment qu'il me l'explique. Je crois volontiers qu'elles sont plus hautes. Mais si elles ne sont que plus grosses, plus vastes, je suis inquiet. De hautes ambitions ne commencent pas leur vie comme la sienne.

Ce qui m'inquiète c'est justement qu'il croit qu'il n'est pas arrivé, ayant ce qu'il a.

Je veux bien qu'on soit président de la République.

Les présidents de la République nous embarrassent moins que nos propres chefs.

§. — Je n'ai pas voulu faire de Téry une citation dérobée. Je sais qu'il y aurait déloyauté morale et même déloyauté intellectuelle à transporter en imprimé, en publié une boutade surprise, un fragment de conversation privée. Mais le mot de Téry n'est pas cela. C'est un mot public prononcé dans une crise publique, et surtout ce mot exprime, ramasse admirablement, exactement, la politique de Téry. Je n'ai commis en le citant aucune déviation, aucune usurpation, aucune altération.

§. — Nous avons pu dans ces cahiers publier sans indiscrétion la fin aussi de la réponse. Nous n'avons pas la grande extension, et le public mêlé d'un quotidien. Nos abonnés sont discrets eux-mêmes, par situation, par culture, par méthode. Ils savent lire. Ils entendent bien.

J'ai maintenu cette fin parce qu'elle aurait fait défaut à Téry même. Elle est selon moi très importante. Nous socialistes nous savons combien importe l'établissement d'un budget, budget public, social, national, budget d'une institution, budget privé. Nous ne méprisons pas, l'économique. Nous savons au contraire, parce que nous voulons soustraire le monde aux servitudes économiques, tout ce que vaut la considération de l'économique.

J'ai moi-même soulevé ces questions en leur temps. Il faut savoir parler argent quand il faut. Il y a une espèce de tartufferie à s'en taire.

§. — Téry ne veut pas se faire une *brillante situation* dans la presse. Il a voulu se faire et il s'est fait une brillante situation dans la presse et dans la politique. Il y a des situations qui ne sont pas brillantes financièrement et qui sont brillantes socialement. Il y a des situations qui ne sont pas brillantes financièrement, et qui sont le passage indispensable, l'introduction inévitable aux grandes, ou aux brillantes situations, financières. Ce sont des stages. Dans les administrations, il y a de très grosses situations qui ont exigé des stages peu rémunérés, sinon gratuits. Dans la politique on est secrétaire d'un homme influent. Dans le journalisme aussi. Au commencement on donne sa prose pour presque rien, ou même rien. Entendons-nous. Rien d'argent. Mais beaucoup de publicité, de renommée, de puissance. Un jeune auteur, un jeune journaliste se croit payé quand il reçoit la publication d'un journal. Combien d'auteurs ont payé chez leurs éditeurs l'impression de leurs premiers volumes, de tous leurs volumes, souvent majorée. Je ne serais pas étonné qu'il y eût dans les journaux des auteurs payants. Cela doit se faire. C'est un changement d'ordre. Le journal quitte l'ordre du travail qu'il paie et entre dans l'ordre de la publicité qu'on lui paie. L'auteur quitte l'ordre du travail qu'on lui paie et entre dans l'ordre de l'édition, de la publicité qu'il paie.

§. — Les formes de l'arrivisme sont innombrables.

§. — Il est vrai, je le dis, qu'il a traité l'affaire Hervé non pas en *universitaire*, mais en journaliste.

§. — Il est vrai qu'il est, qu'ils sont assoiffés de réclame.

§. — Cela prouve, comme il y a longtemps que je l'ai dit, que les collaborateurs de *la Petite République*, ou certains de ces collaborateurs, ne sont pas assez payés. Téry fournit au journal plus de trois cents francs de copie par mois. J'aimerais mieux qu'on le payât trois cents francs et que son travail fût sérieux, bon, bien fait. J'aimerais mieux qu'on le payât trois cents francs d'argent par mois, et qu'il ne se payât pas lui-même un supplément aussi considérable en publicité.

§. — Oui de Carcassonne à Paris Téry a perdu cent francs par mois. Mais de Téry professeur de sixième classe au lycée de Carcassonne au Téry que nous connaissons, en réalité quel avancement rapide.

§. — J'ai laissé le passage relatif à madame Téry. J'ai pu le faire sans indiscrétion. Madame Téry est un journaliste notoire. Et tout récemment encore elle fut nommée du comité Condorcet ensemble avec Téry.

§. — De toutes les manières de gagner de l'argent, écrire *les Cordicoles* n'est pas la plus honnête.

§. — Je n'ai pas qualité pour faire le budget de Téry. Mais je serais heureux de savoir si la collaboration à *la Raison* est gratuite.

§. — *Nous avons de quoi passer l'hiver*. J'ai des raisons personnelles d'apprécier beaucoup cette espèce d'argument. C'est pour cela que j'ai maintenu cette dernière partie de la défense.

§. — Il ne faudrait plus que cela.

§. — Non il ne suit pas tout droit son chemin. Je ne sais pas si son chemin est retors. Mais je sais bien qu'il est tortu. Même parmi les politiques et les journalistes, Téry fait scandale par la tortuosité de ses voies.

§. — Il ne s'agit pas de suivre sa *chimère*. Je ne croyais pas que nous eussions des chimères.

§. — Il ne faut pas mépriser la littérature alimentaire. Tout ce qui est alimentaire, nourricier, tout ce qui sauve les honnêtes gens de l'inanition finale est respectable d'autant. J'espérais justement pour Téry que *les Cordicoles* étaient de la littérature alimentaire. Si c'est de la littérature littéraire, c'est grave.

Corriger les épreuves d'un éditeur, faire un bon article pour une encyclopédie, mettre en latin une thèse de doctorat, comme on dit que cela se fait, n'a rien de déshonorant.

§. — *Rêve orgueilleux de vie et de pensée libres.* Allons, allons, du calme.

§. — Qui de ses adversaires ou de ses ennemis a-t-il jamais traité avec ménagement? Pourtant, n'étant pas pour le talion, nous l'avons traité, nous le traitons avec un ménagement juste.

§. — Que de flottement dans sa réponse même. Je crois que j'ai bien servi son intérêt en publiant toute cette réponse, en ne supprimant pas la fin, qui en est la plus forte partie.

Nous publions aujourd'hui l'article Wagram, *sur lequel s'est portée l'attention. Nos abonnés nous le demandaient. Je l'ai demandé à Hervé. Un abonné nous l'envoie de l'Yonne. Cet article a été publié dans* le Travailleur Socialiste de l'Yonne, Organe de la Fédération des Travailleurs Socialistes du Département, paraissant le samedi matin, *numéro du samedi 20 juillet 1901.*

Mercredi soir, 8 janvier 1902

Mon cher Péguy,

Je viens de lire la lettre que M. Téry vous a envoyée et que vous m'avez communiquée. Je ne veux y relever que le passage relatif aux termes de la conversation très courte que j'eus avec lui, le soir du 6 décembre, et que vous avez relatée, d'après moi, dans un de vos récents cahiers.

M. Téry prétend que j'ai mal compris sa réponse. Qu'il la regrette, je le comprends. Qu'il cherche à l'expliquer, c'est son droit. Je sais seulement que ma mémoire ne m'a pas trompé, et qu'il s'est bien servi des termes mêmes que je vous ai répétés. Ils ont produit sur mon esprit une impression trop profonde pour ne s'y être pas aussitôt gravés de la manière la plus vive. J'en affirme donc l'absolue vérité.

Toujours bien cordialement à vous,

GALLOUÉDEC

L'ANNIVERSAIRE DE WAGRAM

Le régiment qui tient garnison à Auxerre et beaucoup d'autres régiments de notre invincible armée viennent de célébrer l'anniversaire de Wagram.

Wagram ! journée de honte et de deuil !

Une grande nation qui venait de proclamer les droits de l'homme et du citoyen, était depuis dix ans amoureuse folle d'un bandit en uniforme. Arrivé aux grandeurs par la guerre, il jugeait la guerre indispensable au maintien de son trône ; elle était devenue pour lui un besoin impérieux, une vraie passion — une passion de joueur. Il avait su communiquer sa folie de meurtre à la France par l'appât de beaux plumets, d'uniformes criards et tapageurs, par l'appât de décorations, de galons, de dotations, tout ce qu'il y avait de jeune et de vigoureux dans le pays se ruait sur un signal du maître tantôt sur l'Allemagne, tantôt sur l'Autriche, sur l'Espagne ou sur la Russie.

En 1809, sans lâcher l'Espagne agonisante, c'est après l'Autriche qu'on s'acharnait, après une Autriche déjà démembrée, dépecée, amputée de provinces plus grandes que l'Alsace. 240.000 hommes étaient en présence dans les plaines de Wagram, 120.000 Autrichiens, 120.000 Français. Pendant douze heures, la fusillade et la canonnade firent rage ; ces deux troupeaux qui n'avaient plus rien d'humain se sautaient à la gorge, lâchaient prise, revenaient au carnage, grisés d'eau-de-vie, de poudre et de sang.

« Lorsqu'un combat a lieu pendant l'été, raconte le général Marbot, un des héros de Wagram, il arrive souvent que les obus et les bourres de fusil mettent le feu aux blés déjà mûrs ; mais Wagram fut, de toutes les batailles de l'Empire, celle où l'on vit le plus d'incendies de ce genre. L'année était précoce ; il faisait une chaleur affreuse, et le terrain sur lequel nous combattions était une immense plaine entièrement couverte de céréales.

« A la veille d'être moissonnées, les récoltes s'enflammaient très facilement ; et lorsque le feu prenait sur un point, il se propageait avec une rapidité effrayante pour les deux armées, dont les mouvements furent souvent entravés par la nécessité d'éviter le fléau destructeur. Malheur aux troupes qui se laissaient atteindre ! La poudre contenue dans les gibernes et les caissons s'enflammait et portait la mort dans les rangs. On voyait donc des bataillons et même des régiments entiers, s'élancer au pas de course pour éviter l'incendie et gagner des emplacements où le blé eût déjà été brûlé ; mais les hommes valides pouvaient seuls profiter de ce refuge. *Quant aux militaires gravement blessés,* UN GRAND NOMBRE PÉRIRENT DANS LES FLAMMES, et, parmi ceux que le feu n'atteignit pas, beaucoup passèrent plusieurs jours sur le champ de bataille, où la grande hauteur des moissons empêchait de les apercevoir. Ils vécurent pendant ce temps de grains de blé. Mais ceux sur lesquels l'incendie avait passé succombèrent presque tous, ce qui fit dire aux soldats que le feu de paille avait tué presque autant d'hommes que le feu du combat. » *(Mémoires de Marbot)*

Le soir plus de 20.000 hommes restaient couchés sur

le terrain, éventrés, décapités, rôtis ou blessés, 20.000 hommes jeunes et pleins de vie, qui avaient des pères, des mères, des sœurs, des amis, fauchés en douze heures pour le caprice d'un soudard!

Le carnage fini, l'orgie commença. Pendant deux jours ce fut une soûlerie générale au camp français : « La chaleur était excessive; les vins abondants dans les villages, écrit M. Thiers, l'admirateur passionné de ces beaux faits d'armes, le soldat jouissait de la victoire avec un certain désordre. » Vous voyez ça! 100.000 hommes vainqueurs, maîtres d'un pays, faisant bombance et se grisant de vins! les chefs débordés, ou ivres comme leurs hommes! Vous représentez-vous ces 100.000 soudards lâchés au milieu des populations paisibles et désarmées où il y a des femmes et des filles?

C'est tout cela qu'on a glorifié il y a une dizaine de jours à Auxerre!

C'est cette victoire napoléonienne, cette victoire de l'homme qui étrangla la première République, que la troisième République fait glorifier par ses soldats!

C'est ce carnage, cette grillade de blessés et de mourants, cet incendie de récoltes, que la République française, au vingtième siècle, fait célébrer par des fils d'ouvriers pacifiques et de jeunes paysans laborieux, accoutrés pour trois ans d'une ridicule culotte rouge!

C'est cette soulographie de toute une armée, vidant les caves des paysans autrichiens avant de violer leurs filles!

A quand la glorification de Cartouche, de Pranzini et de Vacher?

C'est avec des fêtes comme celles-là qu'on entretient

dans ce malheureux pays le culte du sabre, l'amour des tueries coloniales et internationales, et qu'on fait d'une armée de citoyens une armée de prétoriens capable un jour de refaire un 18 brumaire ou un 2 décembre! Et le mal est plus grand qu'on ne pense.

La nation est empoisonnée jusqu'à la moelle. Je n'en veux comme preuve que le compte rendu paru dans *le Travailleur Socialiste* même, de la fête anniversaire de Wagram à Auxerre.

Le camarade qui a fait ce compte rendu est un bon socialiste, un militant qui a déjà donné des preuves de sa haine du militarisme et des patries actuelles, c'est d'autant plus douloureux de trouver sous sa plume un éloge enthousiaste des bandits de la Grande Armée.

Notre camarade, qui s'est oublié, ou peut-être qui n'a pas assez oublié les tranches empoisonnées de la petite histoire de France qu'on lui faisait apprendre par cœur à l'école, appelle sans ironie l'anniversaire de Wagram « un anniversaire glorieux ». Il déplore *que l'héroïsme de nos aînés* ait été tourné en ridicule par les mascarades et les clowneries de la fête du régiment à Auxerre.

« Si les vieux grognards de Wagram, ajoute-t-il, avaient pu, pour quelques heures, revenir parmi nous, comme ils auraient, à coups de bottes, balayé la cour de la caserne de tous les cotillons et de tous les guignols chamarrés. »

Erreur, camarade, c'était eux-mêmes des guignols chamarrés; ils n'auraient rien balayé du tout, ils seraient venus se soûler avec leurs petits-fils et ils auraient trouvé que l'armée française depuis leur temps n'avait pas dégénéré.

Je trouve même que des pitreries suivies d'une soûlerie ne sont pas suffisantes pour commémorer le souvenir d'ignominies comme celles de Wagram. Je ne vois qu'une façon vraiment digne et symbolique de célébrer un pareil anniversaire.

Tant qu'il y aura des casernes, pour l'édification et la moralisation des soldats de notre démocratie, pour déshonorer à leurs yeux le militarisme et les guerres de conquête, je voudrais qu'on rassemblât dans la principale cour du quartier toutes les ordures et tout le fumier de la caserne et que, solennellement, en présence de toutes les troupes en tenue numéro 1, au son de la musique militaire, le colonel, en grand plumet, vînt y planter le drapeau du régiment.

En soumettant respectueusement ce projet de fête d'un nouveau genre au ministre de la guerre, je m'offre, pour la première solennité de ce genre, à commenter, sur le front des troupes, en un discours de circonstance, le livre d'or de l'armée française.

Un Sans-Patrie

Nous publions ci-après un article récent de Hervé, paru dans le même journal, numéro du samedi 14 décembre 1901. Cet article est particulièrement utile au témoignage *que nous publierons.*

GUSTAVE HERVÉ

A NOS AMIS DE L'YONNE

> C'est une étrange et longue guerre que celle où la violence essaie d'opprimer la vérité. Tous les efforts de la violence ne peuvent affaiblir la vérité et ne servent qu'à la relever davantage.
>
> PASCAL

Me voici condamné par les tribunaux universitaires, révoqué définitivement et, cette fois, sans le moindre traitement.

Comme à dix-huit ans, je suis à la recherche d'une position sociale.

Que faire ?

Prendre un métier manuel ? Quand on vit dans les livres depuis l'âge de dix ans et quand on s'y est usé les yeux, on n'est pas bon à grand chose.

Vivre de ma plume dans le journalisme ? Les très rares journaux socialistes où je consentirais à entrer ont leur personnel au grand complet et les autres, ou bien sont obligés pour vivre de recourir à des combinaisons financières que je réprouve, ou bien ne nourrissent pas leurs hommes. Quant aux journaux radicaux qui peuvent payer leurs rédacteurs, je n'y pourrais entrer, n'étant pas radical, que si l'on m'y offrait « une tribune libre », comme celle de Briand à *la Lanterne*, où je pourrais exposer, sous ma propre responsabilité et en toute indépendance, nos doctrines socialistes : or, je ne suis pas près de trouver cet oiseau rare.

Accepter un mandat lucratif, devenir un politicien de métier, briguer un siège de député ? La proposition m'en a été faite de plusieurs côtés. Il paraît qu'il y a au moins cinq circonscriptions électorales qui se disputent l'honneur de me nommer... ou de me blackbouler au mois de mai prochain. Je suis extrêmement flatté de la bonne opinion qu'ont de moi certains Comités électoraux, mais, en vérité, je n'ai pas de goût pour le métier : sauf le respect que je dois à nos honorables, j'aimerais mieux scier du bois à vingt-cinq sous par jour que d'être député à vingt-cinq francs ; et puis, je n'ai pas l'étoffe qu'il faut, je n'ai ni les qualités... ni peut-être les défauts qui sont indispensables pour tenir le rôle convenablement ; enfin, il y a, de par le monde, assez d'universitaires en rupture de chaire, sortis de l'Université avec fracas, pour se tailler une petite réclame et grimper sur un des fauteuils du Palais-Bourbon pour que je ne contribue pas, pour ma part, à augmenter la démoralisation du peuple et à lui faire voir partout des arrivistes et des ambitieux.

Que faire alors ?

J'ai trouvé.

Je me fais professeur ambulant de socialisme, ou si l'on veut commis-voyageur en socialisme. Je placerai ici une conférence antimilitariste, là un sermon anticlérical, ailleurs encore un exposé de nos doctrines économiques, et un peu partout, j'espère, quelques abonnements au *Travailleur Socialiste*. A l'appel des groupes socialistes, des syndicats ouvriers ou agricoles, des loges maçonniques ou des sociétés de libre-pensée de l'Yonne j'accourrai avec ma marchandise et, sans être un foudre d'éloquence, je me flatte de trouver preneur. J'irai dans nos campagnes, si délaissées de tous nos propagandistes, étudier sur place la question agricole, interroger propriétaires gros et petits, fermiers et journaliers, vignerons et bûcherons ; j'écouterai leurs doléances, je leur dirai les remèdes que leur apporte le socialisme, je dissiperai leurs préjugés contre nous et j'espère, à force de patience, faire évoluer doucement nos ruraux, déjà si démocrates et si anticléricaux, vers l'antimilitarisme et le socialisme.

Que les groupes ou les particuliers qui croient que je puis, par cette propagande, faire une besogne utile écrivent à notre ami Duporc, aux bureaux du *Travailleur Socialiste ;* je me mettrai en campagne dès le début du mois prochain, après avoir établi un itinéraire rationnel. Je demande seulement en retour, aux amis qui m'appelleront pour des conférences, de trouver un local, de s'arranger pour que l'entrée en soit gratuite — autant que possible — et de s'occuper de tous les détails matériels pour lesquels je ne me crois pas beaucoup d'aptitude.

Je les avertis seulement que je ne veux faire la cuisine électorale de personne, ni celle de Pierre, ni celle de Paul, ni celle de Tartempion. Tant mieux si ma propagande profite dans quelque mesure à un bon républicain ou à un socialiste, au détriment d'un réactionnaire ou d'un républicain à la Villejean : mais je tiens à rester étranger, en tant que conférencier, aux luttes électorales qui vont s'ouvrir.

Qu'on se rassure ! Je n'oublie pas l'importante question du viatique ; je ne m'embarque pas sans biscuit, comme disent les marins bretons. Le ministre de l'instruction publique et des théâtres m'ayant fait supprimer mon traitement, des collègues ont eu l'idée, à la fois délicate, ingénieuse et audacieuse de me le servir quand même. Sur l'initiative de mon ami Lapicque, maître de conférences à la Sorbonne, l'un des quatre universitaires qui vinrent si crânement déposer pour moi en Cour d'assises, une Caisse de secours mutuels se constitue entre membres de l'enseignement pour garantir leur traitement aux professeurs ou instituteurs frappés, pour raisons politiques, par l'arbitraire administratif ; chacun verse par mois un centième de ce qu'il gagne. Il paraît que je vais être le premier pensionné du coup d'État..... du coup d'État administratif qui voudrait priver les membres de l'enseignement d'une partie de leurs droits civiques.

Quand *le Travailleur Socialiste* aura fait fortune et pourra payer ses rédacteurs ou quand, les Groupes socialistes s'étant multipliés dans notre département, la Fédération socialiste de l'Yonne sera assez riche pour m'assurer un salaire régulier, — tout travail mérite salaire, même celui de commis-voyageur en socialisme — je cesserai d'avoir recours à la Caisse de résistance qu'organise mon ami Lapicque. D'ici là, j'accepterai la pension qu'elle me fera, — pour blessures reçues au service de la bonne cause, — je l'accepterai, avec reconnaissance, sans doute, mais sans la moindre gêne.

C'est maintenant que je comprends bien la belle parabole de Jésus le Galiléen, de ce Jésus que je veux citer une fois encore dans *le Travailleur Socialiste* — moi qui suis un athée — pour l'édification de notre ancien collaborateur, l'éminent et distingué curé-archiprêtre de Sens : « Ne vous inquiétez ni de la nourriture nécessaire à la vie, ni des vêtements dont vous recouvrirez votre corps... Considérez les oiseaux du ciel : ils ne sèment ni ne moissonnent ; ils n'amassent rien dans des greniers : cependant votre père céleste les nourrit... Pourquoi vous inquiéter du vêtement ? Voyez comment croissent les lis des champs : ils ne travaillent ni ne filent et pourtant Salomon, dans toute sa gloire, n'était pas vêtu comme l'un d'eux... Soyez donc sans inquiétude et ne dites pas : « Qu'aurons-nous à manger, ou à boire, ou pour nous vêtir ? Ce sont là les soucis des païens... Cherchez donc avant tout le royaume de Dieu et sa justice et tout cela vous sera donné par surcroît. »

GUSTAVE HERVÉ

J'ai rédigé le commencement du témoignage que je veux contribuer à l'éclaircissement du cas Hervé. Ce témoignage passera tout entier en un seul cahier. Je tâcherai d'y approfondir un peu.

Nous avons publié un dossier de l'affaire Hervé dans le quinzième cahier de la deuxième série. — Mémoires et dossiers pour les libertés du personnel enseignant *1 franc*

le premier cahier de la troisième série	*0 franc 60*
le cinquième cahier de la troisième série	*1 franc*
le sixième cahier de la troisième série	*1 franc*
les quatre cahiers ensemble	*trois francs*

BILAN BREF

Nous avons trop de travail, Bourgeois et moi, pour pouvoir donner beaucoup de temps à la recherche indispensable d'abonnés nouveaux. Nous comptons sur nos abonnés anciens pour nous y aider, pour nous suppléer. Nous recevons à peu près un abonnement nouveau par jour. Ce n'est pas beaucoup, mais la régularité même de ce mouvement nous rassure. Il dépend de nos abonnés que ce mouvement continue, croisse, aboutisse. Je ne veux faire ici aucun boniment, mais je me permets d'insister. Je renvoie au bilan que nous avons publié dans le premier cahier de la troisième série.

Nous faisons un effort industriel et commercial considérable. Que nos abonnés nous secondent. Il est évident que le quatrième cahier de la troisième série nous est beaucoup plus onéreux, administrativement, qu'un cahier ordinaire.

D'ailleurs il suffit de lire un peu nos cahiers pour s'apercevoir que nous ne faisons rien, par la rédaction, pour nous faire appuyer des puissances reconnues.

Je rappelle que ce qui est en cause n'est plus l'existence de nos cahiers, mais leur plénitude. Leur existence est acquis. Mais selon nos moyens la troisième série sera établie entre une limite maxima et une limite minima. La série maxima serait une série de vingt cahiers où les gros cahiers comme le Jaurès ne compteraient que pour un. La série minima serait une série équivalente à vingt cahiers ordinaires, où les gros cahiers compteraient pour leur équivalence, où le Jaurès par exemple compterait pour cinq cahiers et demi. Dès à présent nous sommes assurés que nous ne tomberons pas à la limite minima. Je désire passionnément que nous puissions monter à la limite maxima.

Sur demande nous envoyons éventuellement les cahiers spécimens que l'on veut, sauf le Jaurès, qui a une grosse valeur administrative, qui n'est pas dans le commerce, et que nous réservons à nos abonnés fermes.

Il nous est très utile que l'on nous achète les cahiers indépendants. Ainsi M. Charles Keller nous a commandé pour Nancy vingt exemplaires de *la Grève*.

Si je le puis, je publierai avant Pâques un nouveau bilan, non seulement financier, mais de personnes. Je désire passionnément que la troisième série soit complète. Beaucoup d'honnêtes gens nous ont apporté de la copie. Je leur en sais particulièrement gré, car les auteurs que nous publions connaissent à leur égard le bilan de l'opération. *Avoir :* ils sont publiés au moins à deux mille exemplaires, envoyés immédiatement à plus de treize cents abonnés, lecteurs sérieux patiemment choisis, lus d'au moins trois mille personnes. *Doit :* la bonne presse fait un silence total sur cette publication.

Nos anciens abonnés n'ont pas oublié les rares courriers *que notre ami Lionel Landry nous a envoyés* de Chine. *Aujourd'hui nous publions de Félicien Challaye deux* courriers d'Indo-Chine.

COURRIER D'INDO-CHINE

Novembre 1901

Mon cher Péguy,

Comme tu as demandé à un de nos amis de renseigner les abonnés des *Cahiers* sur la façon dont les troupes européennes ont traité les Chinois, tu me demandes aussi de dire ce que je sais de la façon dont les Français traitent les indigènes en Indo-Chine. Ce n'est pas une étude générale que je t'envoie ; c'est une simple énumération de choses vues ou entendues. Si l'on veut se faire une idée complète des rapports légaux établis entre les indigènes et les Européens, connaître quels impôts, quelles corvées, quelles réquisitions, quelles vexations légales accablent les indigènes, comprendre comment des sommes énormes, levées par l'impôt sur les indigènes, sont employées par les Français sans aucun souci du bien-être des indigènes, dans le seul intérêt de certains Français ou de la politique générale française, on trouvera un grand nombre de faits exacts et significatifs dans un livre dont il faut conseiller la lecture : *L'Indo-Chine*, par le capitaine *Fernand Bernard* (Bibliothèque-Charpentier, Fasquelle, Paris).

***

Le premier indigène d'Indo-Chine que je rencontrai, ce fut un Cambodgien, avec qui je causai quelquefois sur un bateau français allant de Colombo en Égypte. Il était dans le ravissement. « Tout le monde, expliquait-il, me traite si bien sur ce bateau : quelle différence avec les Français de chez nous ! Quand ils nous rencontrent dans la rue... » Comme il savait mal le français, il ne trouva pas le mot propre, compléta sa phrase en lançant dans l'air un formidable coup de pied.

Quand j'allai de Marseille à Saïgon, sur *l'Océanien*, il y avait parmi les passagers un fonctionnaire annamite intelligent, cultivé, parlant très bien le français ; il venait d'être fait à Paris chevalier de la Légion d'honneur. A l'arrivée du bateau à Saïgon, un vieillard, une femme, deux enfants annamites montèrent à bord, pour voir un des passagers ; en cherchant, ils entrèrent, ils osèrent entrer dans le salon des secondes classes; indignés, les garçons se précipitèrent, les chassèrent à coups de serviette, s'amusèrent à les poursuivre dans les couloirs. C'étaient le père, la femme, les enfants du haut fonctionnaire annamite, désireux de revoir plus tôt le parent longtemps absent. Tout le monde à bord s'amusa beaucoup de cette aventure, qui parut très drôle.

A Saïgon, dès mon arrivée, j'allai voir un juge pour qui j'avais une lettre d'introduction. Ce juge se trouvait être un ami de la *Société nouvelle de Librairie et d'Édition* et un lecteur des premiers *Cahiers :* tout de suite il me parla à cœur ouvert. J'exprimai devant lui, naïvement, les opinions courantes en France : le Français plus intelligent que l'Anglais, s'intéressant plus que lui à l'indigène, le protégeant, l'aimant; l'indigène heureux de vivre sous la loi française, etc. Le juge me regarda avec stupéfaction : il m'affirma que les Français d'Indo-

Chine traitent comme des sauvages ces Annamites qui appartiennent à une des races les plus intelligentes, les plus fines, les plus cultivées. Tout ce que j'ai vu depuis en Indo-Chine a confirmé ce jugement.

***

Plus j'ai vu de près les Annamites, plus j'ai eu de sympathie pour eux. Ils ont leurs défauts, des défauts orientaux, un certain manque de sincérité, de dignité virile. Mais que de qualités en échange! D'abord ces trois vertus de premier ordre, communes à tous les peuples de civilisation chinoise : l'amour de l'instruction, le mépris de la mort, le respect des ancêtres, puis d'autres qualités aimables, bien extrême-orientales aussi, une politesse délicate, une parfaite tolérance pour les idées philosophiques ou religieuses d'autrui. Leurs adversaires mêmes reconnaissent qu'ils sont étonnamment intelligents, qu'ils comprennent avec une rare vivacité tout ce qu'on se donne la peine de leur expliquer. Très bons élèves, m'a-t-on dit d'eux dans toutes les écoles ; bons ouvriers, m'a-t-on dit dans les usines ; très bons soldats, m'ont dit tous leurs officiers. Nul peuple oriental ne rappelle autant les Japonais : le merveilleux développement du Japon semble promis aussi à la race annamite. Et quant à son passé, il suffit de dire que beaucoup de ses institutions séculaires sont, sans aucun doute, supérieures à nos institutions européennes; ce que les plus hardis d'entre nous réclament, les Annamites l'ont accompli depuis des siècles ; les enfants y ont toujours été tous égaux devant l'instruction ; le gouvernement y a toujours été réservé aux plus instruits sans distinction d'origine; le développement de la propriété collective communale, ainsi que des lois imposant dans certains cas un usage social aux propriétés individuelles, a toujours empêché les moins riches de mourir de faim, sans ôter à l'activité de chacun cet encouragement de l'accroissement du bien-être.

Or, ce peuple d'une intelligence si fine, d'une sensibilité si délicate, d'une civilisation si avancée, nos Français d'Indo-Chine le traitent aussi mal qu'ils traiteraient n'importe quelle peuplade nègre du centre de l'Afrique. Noirs ou jaunes, peu importe : pas de différences entre ces « sauvages », n'est-ce pas? — J'ai vu constamment le Français vexer, injurier, brutaliser l'indigène. J'ai vu constamment le Français, — affolé souvent par la chaleur, l'absinthe, l'opium, — battre le domestique indigène qui a mal exécuté un ordre mal donné en une langue mal comprise. J'ai vu très souvent le Français frapper d'un coup de canne ou de cravache l'indigène qui dans la campagne oublie de se découvrir devant lui. J'ai vu souvent le Français menacer ou frapper pour le faire taire le conducteur de pousse-pousse demandant à être payé au tarif fixé. J'ai même vu souvent beaucoup de Français rudoyer les indigènes avec qui ils étaient en contact, sans aucun motif, sans aucun prétexte, pour le plaisir, ou bien, comme ils disent, pour maintenir le prestige du Blanc. Le plus bête, le plus vil des soldats de l'infanterie de marine s'estime supérieur au plus fin lettré annamite; il le cravachera, si celui-ci ne se découvre pas vite, il l'injuriera ou le rudoiera sans raison, pour s'amuser.

Quelques exemples plus particuliers. Dans un village

du Tonkin, je vois un colon faire venir le chef d'un village, un vieillard, et, parce que le village a mis quelque lenteur à exécuter certains travaux, lui tirer l'oreille et le souffleter. Qu'on juge de l'effet produit par un tel geste dans un pays de gens instinctivement polis qui ont le culte de la vieillesse! — A Hué, un jeune Français habite dans un pavillon particulier de l'hôtel avec une femme indigène; celle-ci réunit un jour à un thé quelques amies; le patron de l'hôtel passe, demande quelle est la maîtresse du Français, ne la touche pas, chasse les autres femmes à coups de poing et à coups de pied; « il y en a, lui, beaucoup méchant », me dit le soir la maîtresse du jeune Français. — A Hon Gay, deux femmes annamites portent mon bagage du port à l'hôtel; une d'elles, une toute jeune fille, par lassitude ou curiosité, reste un moment debout sur une marche de l'escalier devant la maison; le patron de l'hôtel se jette sur elle et à coups de poing et coups de pied la précipite au bas de l'escalier; très douce, devant cette brutalité, la petite Annamite se contente de sourire. Jamais je ne me suis senti, comme à ce moment, rougir de honte, — rougir de la honte d'être Européen. — Cependant deux jeunes Français, très chics, arrivant avec moi à l'hôtel, s'étonnent de mon indignation : « ces femmes-là, ce ne sont pas des femmes; » disent-ils.

Naturellement les pires violences ne se passent pas en public. J'ai de bonnes raisons de croire que beaucoup de gradés et de gardes de la milice se comportent en vrais tyrans dans les postes qu'ils commandent, dans les villages placés sous leur protection. Tyrans aussi, sans doute, bien des résidents dans leur province, bien des colons dans leur concession, bien des industriels dans ces usines où des femmes et des enfants annamites travaillent *dix-sept heures* par jour pour moins de 50 centimes. — De ces tyrannies cachées, quelques échos seulement parviennent aux oreilles du voyageur. Il a été su de tous qu'un des plus hauts fonctionnaires de la colonie, le lieutenant-gouverneur de la Cochinchine, a, pour un vol minime, fait mettre à la torture tout son personnel domestique. J'ai entendu, au cercle de Hué, un garde de la milice raconter comment il avait, par ordre, torturé des accusés, pour les faire avouer, en les suspendant par les pouces. Un juge, en qui j'ai pleine confiance, m'a affirmé ce fait monstrueux : un résident, pour punir ses serviteurs, leur piquait des épingles sous les ongles, les enfonçait lentement.

***

Ce qu'il y a peut-être de plus effrayant en Indo-Chine, c'est que les Français y sont presque unanimes à mépriser l'indigène, à justifier ou du moins à accepter sans protestation les brutalités commises contre l'Annamite. — Au début de la conquête, on a voulu « assimiler » les Annamites, leur « conférer les bienfaits de la civilisation » : notre civilisation, nos coutumes, nos institutions ne sont-elles pas les meilleures absolument, rationnellement, pour tous les peuples du monde ? Ensuite, constatant l'échec des tentatives assimilatrices, et maintenant le principe de la supériorité absolue de la civilisation européenne, les Français ont considéré comme des barbares méprisables ces Annamites incapables de s'élever jusqu'à cette civilisation. Deux erreurs contraires, provenant de cette même idée fausse, que les races sont identiques, qu'il n'y a entre elles que des différences d'éducation, qu'une bonne éducation doit réussir à européaniser, franciser le monde. Nos Français d'Indo-Chine ne soupçonnent pas qu'il y a plus de morts que de vivants, et que les morts mènent les vivants; que l'hérédité est plus forte que l'éducation; qu'il y a des différences de races; d'inchangeables différences morales entre les races; que des civilisations différentes conviennent à des races différentes; que des civilisations différentes peuvent être de valeur éducative égale. — Les seuls indigènes que la plupart des Français voient de près sont les domestiques (les « boys »), ce qu'il y a de plus plat, de plus menteur dans toute la population; par eux ils jugent de tous les autres : les Annamites riches ou pauvres, cultivés ou ignorants, s'habillent tous à peu près de même; nos Français ne font pas de différence entre eux, les traitent tous de même, c'est-à-dire aussi mal. D'ailleurs, ne sachant généralement pas la langue du pays, comment distingueraient-ils le lettré du « boy » ? — Autant ils méprisent l'Annamite, autant ils se moquent des rares Français s'intéressant aux êtres et choses annamites. Protester contre les cruautés qu'on voit commettre, c'est faire preuve d'humanitarisme niais, d'idiotie maladive; essayer de pénétrer dans l'intimité de certains indigènes, c'est s'aplatir, se déshonorer; c'est même trahir. Un fonctionnaire qui cherchait, par curiosité de psychologue, à connaître les indigènes cultivés de sa ville, me disait qu'il avait dû interrompre ces relations, tant ses supérieurs l'avaient blâmé et mal noté. J'ai moi-même paru un grotesque, aux yeux des jolies Françaises d'Hanoï, pour avoir dit dans un salon l'émotion que j'avais ressentie à être reçu avec une cordialité délicieuse à la table et dans la famille du Huyen (sous-préfet indigène) de Tam Ky. L'aventure parut si ridicule qu'elle fit le tour de la ville.

Au point de vue des rapports entre Européens et indigènes, les fonctionnaires me paraissent en général moins mauvais que les colons; les nouveaux fonctionnaires (qui connaissent ou apprennent la langue) moins mauvais que les anciens. Le gouverneur-général Doumer scandalise tout le monde en faisant dîner à sa table son interprète annamite; il donne le bon exemple. De jeunes femmes récemment venues de France sont assez douces pour être énergiques et résister à l'opinion générale; une d'elles me disait : « Si mon mari ne peut administrer sa province sans tyranniser les indigènes, si je ne peux diriger ma maison sans battre mes domestiques, nous quitterons le pays et rentrerons en France. » Inutile de dire que ces provinces-là, que ces maisons-là sont aussi bien et mieux conduites que les autres; que la douceur ferme réussit mieux, ici comme partout, que la brutalité maniaque. — Les juges, surtout, se montrent en général justes et bienveillants envers les indigènes : aussi affirme-t-on couramment qu'ils « perdent la colonie » en condamnant l'Européen qui vole ostensiblement ou tue un indigène; ne nuisent-ils pas au prestige du Blanc, à l'honneur de la France? Pour avoir dit au tribunal que le Français qui frappe l'indigène, parce qu'il sait que celui-ci ne se défendra pas, est un lâche, le juge lecteur des *Cahiers* a été traîné dans la boue par l'immonde presse indo-chinoise. — Cependant les insultes, les haines n'empêchent pas ces braves gens de faire leur devoir. Ce sont des juges surtout qui ont travaillé à faire supprimer la « cadouille », dont on fouettait constamment les indigènes condamnés, accusés ou innocents. Un de ceux qui ont participé à cette campagne me disait que c'étaient des dreyfusards qui avaient engagé la bataille, encouragés par le grand combat livré en France; sans l'affaire Dreyfus, on cadouillerait encore les Annamites dans les concessions françaises. Ainsi, mon cher Péguy, quand nous travaillions tous ensemble à délivrer le capitaine innocent, à délivrer le peuple de France, que la réaction nationaliste et cléricale s'apprêtait à écraser, nous travaillions aussi, sans le savoir, à sauver de châtiments inhumains les malheureux Annamites. Il y a une solidarité de toutes les causes justes et humaines : en luttant pour l'une d'elles, c'est toutes les autres aussi qu'on fait progresser.

*
* *

Certainement chacun des Français peut faire quelque chose pour les Annamites opprimés. Il faut créer en France une opinion publique bien informée des choses coloniales. Une condamnation générale et, pour ainsi dire, verbale de la colonisation ne suffit pas : la colonisation est un fait, peut-être (c'est mon sentiment) un fait inévitable; il faut tenir compte de tous les faits. Pour agir sur le réel, il faut tenir compte de tout le réel. Ceux qui acceptent le système colonial avec toute sa suite d'horreurs, sont coupables de brutalité nationaliste; mais ceux qui croient résoudre le problème colonial par un vote de congrès condamnant en général toute entreprise coloniale, me paraissent coupables aussi, à leur manière, coupables de dangereuse impraticité. Les protestations verbales stériles dispensent trop aisément d'études précises, de projets de réformes pratiques et féconds. En reconnaissant comme nécessaire, donc en acceptant le fait de la colonisation, on peut efficacement travailler à en atténuer les horreurs, à en accroître les conséquences favorables. Pour délivrer les Annamites des brutalités qu'ils subissent, nous pouvons agir par l'opinion publique sur le Parlement, par le Parlement sur le Ministère, par le Ministère sur le Gouvernement général, les fonctionnaires et les colons de l'Indo-Chine.

II

Novembre 1901

Pour quelqu'un qui a vécu en Extrême-Orient, ne fût-ce que quelques mois, rien n'est irritant comme d'entendre l'éternelle apologie du rôle qu'y jouent les missionnaires. Beaucoup de républicains croient encore, beaucoup de journaux républicains disent encore, que, si les associations religieuses sont dangereuses en France par leur opposition au pouvoir civil, elles servent du moins dans le monde la cause de la nation française. Je reviens d'Extrême-Orient avec l'impression très forte que le mal fait par les associations religieuses en France est minime, comparé au mal fait par elles en Indo-Chine. Je veux, mon cher Péguy, te citer quelques faits, peu connus ou même ignorés en France. Ce que je dirai, je l'ai entendu répéter par tout le monde en Indo-Chine, — catholiques, non catholiques, fonctionnaires, colons, indigènes, — sans aucune exception; j'ai reçu des témoignages d'hommes absolument sûrs; j'ai eu, dans certains cas, les preuves matérielles en mains. Je ne citerai d'ailleurs aucun nom : la Mission est puissante en Indo-Chine; ceux qui s'opposent à elle ou révèlent ses agissements, sont vite brisés.

*
* *

C'est la Société des Missions Étrangères de la rue du Bac qui a, avec les missionnaires espagnols au Tonkin, le monopole de la propagande catholique en Indo-Chine. De l'aveu de tous, les missionnaires de cette Société se donnent, avant tout, pour tâche d'enrichir la communauté, par divers moyens, notamment par l'exploitation des terres et certaines formes de commerce. A cela, pas d'inconvénient en principe : le missionnaire, issu de famille paysanne, est souvent un excellent colon; à Phan-Ran, par exemple, des missionnaires ont mis en valeur, par d'habiles irrigations, un terrain jusqu'alors inculte. Mais il faut voir de près la façon dont ils réunissent des travailleurs et acquièrent des terres.

Comme travailleurs, ils ont ceux qu'on appelle les convertis. Or c'est un fait que les convertis catholiques en Indo-Chine, comme les convertis protestants dans l'Inde, comme les convertis protestants et catholiques en Chine, sont la lie de la population. Trop différents de race pour pouvoir être sensibles à des arguments métaphysiques ou moraux, c'est uniquement pour des raisons matérielles et basses qu'ils se convertissent : pour recevoir certains secours, surtout pour avoir, en cas de difficultés, de démêlés avec la justice, un avocat français auprès des autorités françaises. Tous les individus tarés, tous les êtres assez vils pour renoncer aux traditions séculaires de la race, au culte de la famille, se groupent autour de la mission. Impossible de traverser un quartier ou un village catholique sans remarquer l'énorme proportion des horribles têtes, des visages patibulaires. — Les missionnaires font travailler tout ce monde-là à bâtir l'église ou à cultiver la rizière. Ils paient le travail et s'assurent la fidélité de cette clientèle, en la défendant dans tous les cas, par tous les mensonges, devant toutes les autorités, sur lesquelles ils ont de mystérieux moyens d'action. « Sur dix affaires ennuyeuses, me disait le résident H., neuf me viennent des missionnaires, de l'acharnement qu'ils apportent à défendre contre toute justice les intérêts matériels de leurs clients. » — J'ai eu entre les mains un faux commis par le père M., un des pères les plus connus en Indo-Chine : il s'agissait, par un faux acte de vente antidaté, d'arracher à un Annamite bouddhiste une rizière qui lui appartenait, pour la faire donner à un Annamite chrétien ; un hasard fit découvrir le faux au juge, qui prévint le Père de l' « erreur » qu'il avait commise ; le Père s'excusa, n'insista pas. Dans un autre cas, le juge dut menacer un missionnaire de le faire arrêter en plein tribunal pour faux témoignage ; le missionnaire avoua le mensonge.

Dans leur ardeur à défendre les scélérats groupés autour d'eux, les Pères créent des difficultés partout. Je connais une école pour indigènes dans une grande ville, où, pour cette raison, on fait tout le possible pour ne pas avoir d'élèves chrétiens. Mêmes embarras dans les hôpitaux, où les sœurs font un sort très privilégié aux Annamites catholiques, au détriment des autres malades.

Quand le résident, le juge ou le docteur est assez faible pour donner aveuglément raison au missionnaire, l'Annamite non chrétien voit tous ses droits méconnus. Et il est courageux et méritoire de résister à la pression du bon Père : les fonctionnaires qui s'opposent à la Mission sont vite déplacés ou brisés; un hasard étrange disperse aux quatre coins de la colonie les rares francs-maçons qui, groupés, seraient dangereux. La Mission jouit d'une puissance incompréhensible et réelle et terriblement dangereuse, dans les hauts milieux indo-chinois. Il semble qu'on y ait peur d'elle; que, par peur, on y fasse tout ce qu'elle veut. N'est-ce pas elle qui, en déchaînant en France une violente campagne de presse contre Laroche, l'a fait rappeler de Madagascar? En Indo-Chine, comme à Madagascar, il vaut mieux avoir pour soi que contre soi la Mission.

Dans un cas spécial, bien caractéristique, les Pères recrutent leur main-d'œuvre par la force. C'est une histoire extraordinaire, à peine croyable, vraie pourtant; j'ai recueilli là-dessus des témoignages décisifs, indubitables. Les Pères de la Mission des Bahnars et de celle du Bas Laos achètent aux sauvages Moïs les Annamites que ceux-ci vont voler dans la plaine; ils font travailler de force les Annamites ainsi achetés, les gardant à la Mission soi-disant pour les convertir; ensuite ils les renvoient, vieux ou incapables de travail, dans leur famille, moyennant une forte rançon. Je ne sais s'il est exact, comme on l'affirme, dans les régions de l'Annam limitrophes des territoires Moïs, que les

Pères organisent eux-mêmes ces expéditions : il suffit qu'ils les encouragent indirectement, en récompensant à bon prix (un buffle et deux marmites, dit-on) les Moïs qui se livrent à ce commerce. Les Pères nomment cet *achat d'esclaves* d'un nom plus doux, plus évangélique : *le rachat des captifs.*

***

Quant à la façon dont les missionnaires étendent leurs terres, elle est édifiante aussi. Je ne parle pas des vilains tours dont se plaignent certains colons européens : il paraîtrait que parfois le missionnaire, dont la rizière touche une concession, prête obligeamment au concessionnaire sa docile main-d'œuvre chrétienne, puis brusquement la retire, obligeant ainsi le colon à vendre la terre mise en valeur, et se trouvant là, comme par hasard, pour la racheter à un prix avantageux. — C'est surtout au détriment des indigènes et par l'usure que les missionnaires étendent les biens de la Mission. Le Père prête à gros intérêts à un village annamite les sommes nécessaires pour payer les lourds impôts; la garantie de l'emprunt, c'est la partie aliénable des rizières communales, ou le riz produit par la partie inaliénable; quand les sommes prêtées et les intérêts de ces sommes arrivent à égaler la valeur de la partie aliénable des terres communales, le missionnaire s'en empare. Ainsi les Pères réussissent à anéantir l'admirable bienfait résultant pour les indigènes de la vaste extension de la propriété collective communale qui permet aux plus pauvres de vivre. C'est leur but : quand l'indigène sait qu'il mourra de faim sans les secours des bons Pères, il se fait chrétien.

En Cochinchine, la Société des Missions Étrangères jouit de la personnalité civile ; au Tonkin et en Annam, les Pères se lèguent par testament, d'individu à individu, les biens de la Mission. Il est même arrivé cette drôle d'histoire en Annam : le Père D. avait acquis des terres pour la Mission; un jour il se défroqua, refusa de rendre la terre ; en mourant, il la légua à sa maîtresse indigène. La Mission aurait perdu son bien ; mais les Pères menacèrent tellement la pauvre femme (des peines éternelles dans l'autre monde, peut-être d'une mort soudaine en celui-ci) qu'elle se décida à tout rendre. — On affirme que, soit directement, soit indirectement sous des noms de missionnaires européens ou de Pères indigènes, la Mission posséderait une grande partie de la colonie.

En tout cas, les Pères « font de l'argent », comme on dit en Indo-Chine. De temps en temps, un Père spécialement choisi va verser la forte somme rue du Bac. Quelques mois avant les élections, par exemple. Les rizières de la colonie que s'est conquise à prix d'or et de sang la République française, paient une partie de la campagne menée en France contre la République.

* * *

En Indo-Chine, comme d'ailleurs en Chine, les missionnaires forment un État dans l'État. Les quartiers catholiques sont des villages à part, ou une ville dans la ville : à Pnom Penh, c'est par un pont-levis qu'on y pénètre. D'ailleurs les Pères possèdent souvent aussi, à Haïphong par exemple, une partie de la ville non chrétienne. — Dans le quartier catholique, les Pères, quelquefois, accumulent des armes, soi-disant contre les pirates. On dit qu'ils y lèvent de véritables impôts. Ils ont leur sceau : « Indo-Chine Française : Mission de—», et de ce sceau, ils usent pour donner une allure officielle à leurs proclamations aux indigènes. Ils ont aussi leur drapeau. En arrivant au Tonkin, la première chose que je vis, ce fut, sur un « sampan », un drapeau tricolore avec la croix sur la partie blanche, le drapeau de la Mission. — Sous ce drapeau de la Mission, il doit se passer d'étranges choses, qu'on soupçonne plus qu'on ne les sait. Dans les villages chrétiens où évangélisent des Pères espagnols, des voyageurs se sont étonnés de rencontrer de petits Annamites à type étonnamment castillan : « Que voulez-vous ? disait un missionnaire espagnol, à un résident de ma connaissance ; nos Pères ne sont pas toujours convenables. » — Pour maintenir leur domination dans leurs villages, les Pères, paraît-il, ne méconnaissent pas les avantages du fouet ni de la « cadouille ». On m'a affirmé l'authenticité d'un mot de Mgr Puginier, célèbre là-bas : « Dieu fait bien ce qu'il fait : il a fait pousser le rotin à côté de l'Annamite : c'est pour s'en servir. »

* * *

Ce qui est grave, c'est que les missionnaires introduisent parmi une population éminemment pacifique un dangereux esprit de guerre intestine. L'Annamite est naturellement d'une admirable tolérance religieuse. Les lettrés adhèrent à la morale purement philosophique de Confucius ; le peuple mêle un vague bouddhisme à des superstitions variées. Devant moi, un de mes amis demande à son « boy » pourquoi il brûle, dans les chapelles, des morceaux de papier doré; c'est pour que Bouddha, croyant que son fidèle a brûlé pour lui de l'or, lui rende, après sa mort, en or, ce qu'il aura brûlé en papier : « toi connaître, dit le « boy », toi ne pas croire; Bouddha, lui, beaucoup bête, lui ne pas connaître, lui croire. » — L'Annamite, naturellement si peu religieux, est parfaitement tolérant. Mais, à cause des agissements des missionnaires, il en vient à détester l'Annamite chrétien, pour des raisons d'ordre économique : appuyé toujours par le missionnaire, souvent par les autorités, l'Annamite chrétien lui fait tous les torts, lui vole son bien, sa rizière. Un des moins mauvais journaux du Tonkin publiait, en décembre 1900, un article exprimant la crainte qu'un mouvement de Boxeurs annamites n'éclatât bientôt au Tonkin, provoqué, comme le mouvement des Boxeurs chinois, par les agissements de la Mission. Ce sont les représentants de la religion d'amour qui introduisent ce violent courant de haine dans une population païenne exceptionnellement douce et pacifique.

*
* *

Je ne pardonne pas, mon cher Péguy, aux missionnaires le mal qu'ils font à la France en provoquant ainsi un soulèvement des indigènes. Je ne leur pardonne pas le mal qu'ils font aux Annamites. Nulle part on n'est aussi dur et méprisant pour l'indigène qu'à la Mission. A un résident de mes amis, actif et dévoué, un missionnaire disait qu'il ne comprenait pas qu'on prît des mesures pour arracher les indigènes à la variole : « C'est, disait-il, un moyen providentiel destiné à empêcher le trop grand accroissement de la population. » Sans doute, en créant la variole, Dieu fit bien ce qu'il fit, comme en créant le rotin. Nulle part autant qu'à la Mission, on n'est acharné partisan de l'administration directe, adversaire décidé de l'accord avec les cours indigènes, païennes, avec les mandarins, inconvertissables. Si nos administrateurs ont commis dès le début la faute immense d'essayer de remplacer le protectorat loyal par un gouvernement à l'européenne, c'est souvent parce que, dans leur ignorance, ils ont suivi les conseils du missionnaire, intéressé à créer l'hostilité du fonctionnaire français et du lettré indigène. — La Mission continue à appuyer de ses forces très puissantes toutes les tentatives dirigées contre les libertés, la dignité, la civilisation traditionnelle des Annamites.

La tâche la plus urgente qu'ait à accomplir la République française en Indo-Chine, c'est de mettre un terme aux brutalités des Européens de là-bas et en même temps aux agissements malhonnêtes et haineux des missionnaires. A cette condition seulement cessera d'apparaître ironique, ridicule et cruelle la devise affichée sur les murs des écoles indigènes : « Aimez la France qui vous protège. »

Félicien Challaye

Nous publierons du même auteur dans un prochain cahier : La Russie vue de Vladivostock, journal d'un expulsé.

LA GRÈVE

Plusieurs erreurs de texte ont passé dans le sixième cahier. En particulier

Page 16, troisième ligne, au lieu de *avec l'artilleur*, on doit lire *avec l'outilleur*.

Même page, ligne 19, *un peu démonté* fait partie du texte et n'est pas un jeu de scène. Ainsi

Lantier. — Un peu démonté, je ne sais quoi répondre.

Même page, dernier mot, et commencement de la 17, au lieu de *simplem*, on doit lire *simplet*.

Page 23, quinzième ligne, au lieu de *à la côte*, on doit lire à la cote.

L'auteur a été fort mécontent. Il a bien fait. J'aime qu'un auteur se passionne pour son texte.

Il faut seulement se partager les responsabilités.

L'artilleur était dans la copie. J'ai laissé passer, parce que j'ai supposé que c'était un surnom, un ouvrier qu'on surnommait l'artilleur.

Un peu démonté n'était pas du jeu de scène. Il était du texte. C'est le metteur en pages qui, distribuant la copie aux compositeurs, l'a mis dans les jeux d'un coup de crayon bleu.

Simplet, dans le texte. C'est le correcteur qui a mis *simplem*. Il a pensé qu'il ne s'agissait pas de simplet, mot vieux français, mais du mot d'argot simplem, abréviation de simplement. Il m'a dit que le ton général de la pièce indiquait, demandait cette correction. Il pensait que Lantier ne connaît pas, ou n'emploie pas simplet. Je me suis rendu à ses raisons.

Il faut savoir que si le metteur en pages ne touchait pas à la copie qu'on lui apporte, on obtiendrait les résultats les plus extraordinaires ; et si le correcteur ne touchait pas aux épreuves, il resterait les fautes les plus invraisemblables.

La copie n'est jamais absolument propre, la copie ne se suffit jamais absolument à elle-même. Si bien établie qu'elle soit, il reste toujours des fautes, souvent les fautes d'orthographe les plus grossières. Non pas que les auteurs ne sachent pas l'orthographe. Ils la savent presque toujours. Mais ils font des lapsus. Il y a des coquilles de manuscrit comme il y a des coquilles de typographie. Elles échappent souvent au lecteur. Combien de nos abonnés se sont avisés que Téry écrit sibyllin sybillin. Je n'en conclus pas que Téry ne sait pas l'orthographe, ni que nos abonnés ne savent pas lire. J'en conclus qu'il faut être prudent.

Maurice Kahn veut bien me signaler que dans la lettre de Maurice Bouchor on doit lire ligne 7 de la lettre, au lieu de *scène des Bavards,* scène des Bavardes ;

ligne 12 de la lettre, au lieu de *vu*, lu ;

ligne 13 de la lettre, au lieu de Grégoire, *Gringoire.*

Kahn est plus familiarisé que moi avec l'écriture de Maurice Bouchor, qui n'est pas familière. J'avoue que je ne connaissais pas la scène des Bavardes. Mais tout le monde à l'imprimerie, moi-même, connaissions Gringoire. Nous croyions tous avoir composé, lu, corrigé Gringoire. Il faut faire attention.

Le Gérant : CHARLES PÉGUY

Ce cahier a été composé et tiré au tarif des ouvriers syndiqués

IMPRIMERIE DE SURESNES (E. PAYEN, administrateur), 9, rue du Pont. — 5467

Nous avons en vente à la librairie des cahiers :

JEAN JAURÈS. — **Études Socialistes**, un volume de LXXVI + 276 pages, édité par la Société d'Editions littéraires et artistiques, librairie Paul Ollendorff, un volume à trois francs cinquante.

L'*avertissement* que l'on a pu lire dans le quatrième cahier de la troisième série n'a pas été réimprimé dans l'édition Ollendorff.

JEAN JAURÈS. — **Action Socialiste**, première série, *le Socialisme et l'Enseignement, le Socialisme et les Peuples,* un volume in-18 de 560 pages, édité par la librairie Georges Bellais, devenue la Société Nouvelle de Librairie et d'Edition, un volume à trois francs cinquante.

Le troisième cahier de la troisième série a été

GEORGES SOREL. — **De l'Église et de l'État**, fragments 1 franc

Vient de paraître à la librairie Jacques, en vente à la librairie des cahiers :

GEORGES SOREL. — **Essai sur l'Église et l'État**, édition complète, un volume in-octavo de 64 pages 2 francs

Extrait de *la Revue Socialiste,* août, septembre, octobre 1901.

Le deuxième cahier de la troisième série est

CHARLES GUIEYSSE. — **Les Universités populaires et le mouvement ouvrier** *1 franc*

Les cahiers ont publié dans leur deuxième série

ANTONIN LAVERGNE. — **Jean Coste** ou **l'Instituteur de village**, un roman 3 francs 50

Dans ses deux premiers numéros hebdomadaires le nouveau *Mouvement Socialiste* a publié de M. Maxime Leroy une étude : *la Propriété individuelle et le Code civil,* réponse aux *Études Socialistes* que nous avons publiées de Jaurès.

Dans les mêmes numéros *le Mouvement* a commencé à publier *les Tisserands,* de Hauptmann, cinq actes, traduit par Jean Thorel.

Dans la partie *Art et Littérature*, dirigée par Lucien Besnard, nous avons trouvé l'éreintement de Barnum et Bailey que tous les honnêtes gens attendaient.

René Salomé a commencé à envoyer de la copie à *Jean-Pierre.*

Nous avons publié dans le cinquième cahier de la troisième série, quatrième page de la couverture, le choix de livres que *Jean-Pierre* avait fait cette année pour les étrennes. *Jean-Pierre* a dans son numéro 3, du premier janvier, ajouté les livres suivants. Ces livres sont en vente à la librairie des cahiers.

Docteur L. AZOULAY. — **Oh! les jolies histoires d'animaux**, album de planches en couleurs 3 francs 50

FRED ISLY. — **Les petits Katapans de la reine Ortie**, illustrations de BENJAMIN RABIER, album 5 francs

DICKENS. — **L'Ami commun**, 2 volumes chaque 1 franc

DICKENS. — **Bleak-House**, 2 volumes chaque 1 franc

MISS CUMMINS. — **L'Allumeur de réverbères** 1 franc

CURRER-BELL. — **Jane Eyre**, 2 volumes chaque 1 franc

ANATOLE FRANCE. — **Le crime de Sylvestre Bonnard** 3 francs 50

ANATOLE FRANCE. — **Le livre de mon ami** 3 francs 50

DEMOLDER. — **Le cœur des pauvres** 3 francs 50

G. LENOTRE. — **Vieilles maisons, vieux papiers** 8 francs

VICTOR HUGO. — **Quatre-vingt-treize**, roman broché 3 francs 50

Nous sommes heureux d'annoncer à nos abonnés de Paris et à nos abonnés de province qui sont de passage que le restaurant coopératif, au coin de la rue du Sommerard et de la rue Thénard, a fait effectuer dans ses locaux l'agrandissement depuis longtemps attendu et impatiemment demandé. La surface utile a été majorée environ des deux tiers.

Nous avons reçu de M. Gustave Téry une réponse au sixième cahier.

Nous avons donné le bon à tirer après corrections pour deux mille exemplaires de ce septième cahier le jeudi 16 janvier 1902.

www.ingramcontent.com/pod-product-compliance
Lightning Source LLC
LaVergne TN
LVHW020451230826
846091LV00004B/1641
9782016129197